U0871386

不打不骂 不宠不溺

教出好男孩115计

彭菊仙◎著

中国妇女出版社

图书在版编目（CIP）数据

不打不骂　不宠不溺　教出好男孩115计 / 彭菊仙著

. -- 北京 : 中国妇女出版社, 2014.9

ISBN 978-7-5127-0917-1

Ⅰ. ①不… Ⅱ. ①彭… Ⅲ. ①男性—家庭教育 Ⅳ. ①G78

中国版本图书馆CIP数据核字(2014)第159189号

原书名：《教出好儿子一点都不难！》作者：彭菊仙

本著作中文简体字版经厦门墨客知识产权代理有限公司代理，由野人文化股份有限公司授权中国妇女出版社在中国大陆出版、发行。

著作权合同登记号图字：01-2014-4252

不打不骂　不宠不溺　教出好男孩115计

作　　者： 彭菊仙　著
责任编辑： 王海峰
封面设计： 远道创意
版式设计： 李　青
责任印制： 王卫东
出版发行： 中国妇女出版社
地　　址： 北京东城区史家胡同甲24号　　**邮政编码：** 100010
电　　话：（010）65133160（发行部）　65133161（邮购）
网　　址： www.womenbooks.com.cn
经　　销： 各地新华书店
印　　刷： 三河市金元印装有限公司
开　　本： 165×235　1/16
印　　张： 18.75
插　　页： 2
字　　数： 300千字
版　　次： 2014年9月第1版
印　　次： 2014年9月第1次
书　　号： ISBN 978-7-5127-0917-1
定　　价： 35.00元

推荐序

爱阅读的男孩，眼中的世界更宽广

——曾雅青（三采文化总编辑）

我有一个可爱贴心的女儿，又即将迎接一个男孩的到来。老实说，男孩会让我很焦虑，他们天生的好动与精力旺盛让我一想到就倍感压力。毕竟，对于女儿成长过程中可能遇到的困扰或问题，身为妈妈多少还了解一些！但很多“过来人”妈妈都安慰我：男孩比女孩好养，因为“男孩要穷着养，女孩要富着养”。男孩沟通直接，错了可打可骂，不像女孩纤细敏感，还要担心她的安全或被人欺骗。或许是基于一点儿鸵鸟心态，我也一直这样“安慰”自己。

当我收到这本书稿时，对书稿内容并没有太多期待，不是说男孩比较好养吗？我花了一个周末，以原有的“男孩穷着养、老二当猪养”的心态看了这本书后，心中五味杂陈，原来养育男孩的学问还真不小呢！

男孩和女孩天生就不一样，无论是性格或社会价值观所赋予的期待或形象都不尽相同。虽然现今社会看待男孩女孩已不像过去那般界限分明，但男孩“应该”具备的一些特质却从来不曾改变，如自律、诚实、勇敢、坚强、永葆好奇心、勇于尝试与热爱学习。男孩的某些较为“弱势”的部分，如秩序感差、社交表达能力不足、粗心、耐性差、调皮、爱打电动、不爱阅读等，则是许多父母最困扰、也最束手无策的问题。

但本书作者以记者特有的视角，把个性不尽相同的翔翔、凯凯、钧钧三个男孩一路成长的珍贵经验记录下来，并整理出可供遵循的具体建议，对家有男孩的父母来说可谓相当实用。**作者从“玩”和“陪伴”的角度出发，针对孩子不同的性格而采取不同的“应对招数”，不一味强调成绩与分数，着重让孩子养成更重要的“能力”，这一点值得我们全社会认真学习。**

然而，身为一个出版者，我最关心的还是阅读。我也一直深信，**阅读（包括写作）能力与习惯的养成，是孩子一生最受用、最重要的财富。除了知识的安顿力量外，一个从小能养成阅读习惯的孩子，他眼中的现在与未来的世界，绝对是广阔而无限的。**

我很开心看到作者在本书中对于“男孩的阅读与写作”特别辟出一个篇章来探讨，包括阅读的种类、引导、书目选择等，或许不见得适合每一个孩子，却有很大的参考价值。作者分享了自己与三个孩子在阅读、玩耍或亲子共读中孩子的种种反应与妈妈的适时引导。我们从中可以看出，效果是明显的，孩子们竟然可以自己编写出一个侦探故事来。想必这会让很多仍在烦恼如何培养孩子的表达能力或作文能力的妈妈们羡慕不已！这些都是不仅读来有趣，而且又能令人有所感悟的内容。

特别是身为“科学实验王”的编辑出版者，我很开心看到作者与她的孩子们对这个系列图书与所谓的“知识漫画”有着如此精彩的阅读历程。阅读，本来就应该是从“喜欢”出发的，杂食而广泛的阅读才能让孩子旁征博引、触类旁通。特别是漫画，过去因为特殊背景而被“污名化”，殊不知已有研究证实，图像式的阅读更能帮助孩子突破语言文字的隔阂，而漫画则是未来最能被传播、保留的文化知识财富。孩子的阅读类型本不应太过单一。若孩子不喜欢阅读，或许可以将知识漫画当作入门的钥匙，吸引他们翻开书本，然后再慢慢引导，逐渐增多文字或其他类型的阅读选择。就如同作者提及的，孩子喜欢夸张的图像与情节，这就像是敲门砖。之后，父母可以努力的，则是让孩子借由一再的阅读，延伸深度、吸收更多知识。

翻开这本书前，我必须承认我把教养一个男孩，想得太简单也太复杂。而读完这本书，我却有种新的期待：或许，陪伴一个男孩长大，也是一种好玩而充满挑战的生命经验。

推荐序

给男孩母亲的百科全书

——张美兰（小熊妈）

看完书稿后我一直在想：如果能早点儿看到这本书，我的育儿之路一定会少了很多忧虑，多了很多智慧！

一直都很喜欢菊仙的亲子文章，她与我一样——有三个活力充沛的男孩！记得有一次我与她在台北《丁丁历险记》的首映会场相遇，她十分亲切地走过来跟我打招呼。当时迷你熊还在我肚子里……分手后我才遗憾地想：“啊！怎么没跟菊仙请教养好三个儿子的秘诀呢？”

如今她出了这本书，我终于有了知音，许多问题也终于有了解答。

菊仙的三个帅男孩：翔翔、凯凯、钧钧，正好比我家的小熊们都大，所以她已经碰到过许多我还没碰过的问题，也以她的智慧，解决了许多……

记得我以前写博客时，常常沮丧地想：为何其他博友的孩子都这么会拼图？为什么别人的孩子拿一支蜡笔与一张白纸就可以认真地画上好久，而我的孩子却总是像放山鸡，坐不住、跑不停？为什么有人说养孩子真轻松，我的孩子却三天两头撞墙、跌倒、爱爬上爬下？每天，我都像被榨干的橙子皮，累到不能动，儿子们却像是装了电量充足的金顶电池，一整天都活蹦乱跳！

原来，这其中许多人养的是女儿，我养的是儿子。而菊仙在书中，都提到了这些差异，更找出许多研究数据，来说明这些差异的本质，并给出了针对性的建议。

很欣赏菊仙的大儿子翔翔，他把计算机当成最佳的魔术自学工具，练成了许多奇幻魔法，还当上学校里的风云“街头艺人”！（我想同样爱魔术的小熊哥，一定很想见见翔翔本人，好来学上几招！）我也很喜欢菊仙描述的“三兄弟把客厅布置成舞台，让父母拿着手绘入场券，来欣赏他们三人自导自演的相声”的趣事！（我家的小熊们也超爱逗趣的相声，这会是很好的学习模板。）

本书中我最欣赏的部分，是电玩／计算机对男孩的影响。该何时让孩子申请社交网站账号？又该何时给孩子买手机呢？我家男孩也很爱计算机。小熊已经是高年级，许多朋友在网上都有了交友账号，不过他们找不到小熊哥。（因为母熊妈妈还不准他加入！）所以许多人先加了“小熊妈”为友……这才让我更冒冷汗！

原来有些小男孩在个人网页里写了很多不堪的文字；有的孩子沉溺于集游戏金币；有的小女孩不设防地放上自拍照并结交陌生男子……我深深怀疑：这些孩子，真的懂得保护自己吗？虽然不是他们的父母，我却一直为他们担心……但小熊也开始抗议：为何班上有一半的人都能在网上交友，他却不行呢？菊仙提出了切实的建议：**最好让儿子把计算机当作工具，而不是玩具**！另外在网上交友，要有许多“原则”：

（1）未满18岁前，母亲是监护人，有监督保护的责任，因此孩子的交友账号与密码要由母亲设定、做好把关；

（2）每周使用两次，每次30分钟；

（3）不可以随意加陌生人为好友；

（4）不可以在网上发布不雅文字。

实行一阵子后，菊仙又发现了网络上语言暴力的问题，所以又加了一条“原则”：“不可以出现批判别人的字眼儿，尤其不可加入围攻他人的话题！”这让我十分佩服菊仙的智慧与道德观，除了对孩子的细心陪伴外，她还把良好的道德思想，传给了孩子们……

我相信，因为菊仙，这个社会多了三个优秀聪颖的好男人；也因为这本书的出现，更多有男孩的妈妈将因此受惠，培养出更多好儿子、好男孩！

作者序

从“心”开始，接受男孩给我们的“栽培”吧

——彭菊仙

本来立下心愿在《幸福教养》这本书出版后，最多花费一年的时间就要完成这本关于男孩教养的书，没想到一写竟写了两年零七个月。期间野人出版社已经一口气出版了两本《教出好儿子》，第一本旨在帮助父母认识男孩在成长中的生理、心理变化；第二本则算是实践版，提供具体方法来协助父母造就果敢有担当、自信而具有竞争力的男孩。看到这两本书，已动笔一半的我和主编丽真开玩笑：“看来我干脆收山不必写了吧？”

主编却毅然决然地回答：“不！一定要继续写，站在妈妈如何贴近男孩、培养男孩的角度来写，绝对会有不一样的效果！”

果真，教养男孩的问题、难处、体会以及每天都会有的惊奇与发现，细细写上个三五本都不为过。跳脱女性既有的认知框架，投身截然不同的性别的成长轨迹，能擦出更多对比性的趣味火花。从一位妈妈和男孩们朝夕相处的深切感受出发，教养的重点也就可以超脱理性的找问题、挑毛病、谈数据、讲理论了。

我是母亲，看待男孩的教养问题当然掺和了主观的、感性的甚至情绪性的判断，但也因为我的起始点纯粹是一份为人母的无私之爱，**我想我能**

给读者更重要的第一步——让我们真心真意、静心凝视“和我们不同的男孩”。我们的教养任务是一份独一无二的恩赐，我们不是理论家，却是深入其中的观察者、实验者与实践者。比起没有实战经验的理论分析，我们更能真正感知到教养男孩的乐趣与感动，或者心甘情愿地在失落与挫败后鞭策自己前行。

这是最大的力量，能够激励我们穷尽心力去揣摩、去体贴、去领悟、去反思男孩令人百思不解的思考模式与行为动机，让我们不辞辛劳地身体力行、引导示范、启发带领。在通行的教养法则之外，我们细致地为自家男孩把脉，为他们的健康完好与幸福成长，创制了大方针里尚待细细琢磨的独特教养方式。

教养男孩特别辛苦，我们需要一份强大的动力来对抗无尽的挫折。然而，教养男孩乐趣无穷，即使日日精疲力竭，我们也甘之如饴！

请和我一同随着本书擦亮我们的眼睛，这样我们才能真正读懂我们的男孩，才会看到希望。从男孩的横冲直撞与执意探索中，我们还会猛然惊觉，自己的潜能与见闻也同步开拓、伸展了起来！教养男孩的同时，我们也能领略到一种亲子双赢、世界加倍丰富的无上乐趣！

很庆幸自己写这本书时没有半途而废，更庆幸自己并没有着急，而是边享受、边思考、边消化、边感动地来书写它。这两年多，我沉浸在回忆里，捕捉三个孩子特有的成长轨迹，更在不断发现、不断惊艳的现在进行时里，看到新的“卖点”、延伸新的故事。每当觉得该歇笔时，男孩的成长又缔造了新的里程碑，逼着我像个八卦周刊的娱乐记者，不断追踪新的发展、更新报道内容。于是，写了又写，一直写了两年零七个月，真的不得不收笔了！

我跟孩子们一样，经历了他们趣味无边又险象环生的童年生活。抢着在截稿之前，我又跟着他们把社区里应有尽有的鸟类一一找出来——五色鸟、白尾八哥、红嘴黑鹎、绿绣眼、白头翁、黑冠麻鹭、斑鸠、树鹊……

我还跟着他们一起看侦探小说、快节奏动作片，因为孩子不仅会逼我共读共赏、等着听我发表见解，还要求我作为他们的第一个粉丝，第一时间读他们热腾腾的自创小说。

孩子们过去顶多在书房里翻箱倒柜，搜索各种材料来制作自己的玩具武器、工具模型；但现在他们已经把书房彻头彻尾当作一间木工室，桌上、地上摆着各种长短不一的木材、锯刀、锥子、凿刀……几年前，当他们不断要我购买硬纸板、色纸、各种材料时，我从未想到，今天的他们已经能运用各种木工工具，制作一具具结构清楚的弩箭、连发射枪！我所不熟悉的他们的雄性步伐还会开创什么样的新奇局面，我这八卦记者真的有点儿迫不及待、引领而望了！

不过，期待中也有新的惶恐，男孩冒险犯难、叛逆挑衅的天性，让我好不容易用尽半条命才整理出一套套街头攻防法（如游戏、网络、学习、阅读、写作、管教等各个方面的应对策略），然而，他们一个个又已迈入更复杂的高年级和青春期，未来我将面对更刺激惊险的教养之路。所幸，在前半段路程中，我的三个孩子给我的实境魔鬼训练早已磨出我身体、心灵的层层厚茧；再加上常常跟着孩子们一起接受福尔摩斯、007等智勇双全的特级调教，我这剩下的半条命，不来玩点儿更刺激的，还真枉费男孩们给我的“栽培”啊！让我们一起勇敢接受挑战吧！

前言

让男孩好好地“玩”，教养男孩就会变得好好玩

即使我自己觉得领着三个小男生一起走在街上的画面不足为奇，但对此感到不可思议的人实在太多！甚至有时候，我还会直接被陌生人拦下来询问关于生养男孩的种种问题。所以，我早已习惯脸不红、气不喘地回答这道已经被问了很多次的考古题：“这三个男孩都是你的吗？”

虽然早已习以为常，但是有一天，我却是整整被问了四次！这让我不由得开始相信，自己好像真的是异类。

第一个场景是在等绿灯的十字路口。路人甲是一位年龄介于阿公与阿伯之间的快乐银发族。我看见他的那双眼睛一直对着我家三个孩子来回扫射：首先，我知道他正在确认这三个孩子长得像不像，是不是同一个妈生的；接着，他开始确认排行，揣测老大老二老三的顺序……好！时间到！十秒钟后他一定会开口：“这三个男孩都是你的吗？”

“对啊！”

听到他发出“啧啧啧”的声音，我便知道他接着一定会说——“哦！带三个男孩很累哟！”趁着老公当时在场，我当然要把握机会“强调”一下自己的辛劳：“累哦！真是累坏了！”说完我还摆出一脸惨烈状。路人

甲显然相当同情："你真的好伟大，好难得啊！现在生三个孩子的是稀有动物啦！尤其又是三个男生！"

第二个场景是在地铁上。路人乙是一个年轻妈妈，手里抱着一个孩子，旁边还坐着一个小男孩。我的孩子个个规规矩矩地坐在我旁边。看着路人乙的羡慕眼神，我就知道她要开口了："这三个男孩都是你的吗？"

"对啊！"

眼看着这位年轻妈妈在拼命制止旁边的那只坐立不安的小野兽，我就知道她必定要向我讨教教养男孩的妙计。果然，她先称赞我家三个小宝贝如何乖巧有规矩，紧接着切入重点——如何对付这些难缠的调皮蛋。

第三个场景则是在公交车上。路人丙是一个约莫孩子应该在上高中或读大学的中年大妈，正在面临着空巢期的考验。她听到三个孩子天真可爱的笑声，忍不住转过头来流露出慈爱的目光，再对我投以超然的一笑，而我早就能意会这笑容的含义了：你真幸福，怎么聪明到生了三个孩子？这真是明智的抉择啊！不过她的第一个问题当然还是："这三个男孩都是你的吗？"

"对啊！"

这种过来人露出重温旧梦的笑容后，接着一定会长吁短叹，发表一篇层次分明的演说，主题差不多是："结婚就要生孩子，生孩子至少要生两个，生三个是至贵至宝。"评论完了，我也知道她一定会说，真后悔自己当年没有生三个。接着，她真诚地鼓励我："你现在很辛苦，不过将来就知道这样是对的。"（很像主管在摸头：干得好啊！）

第四个场景是，我带着三个儿子回娘家，妈妈正在牌桌上做"健康操"，其他三个牌搭子则瞪大了眼睛看着我，第一个问题当然也是："这三个男孩都是你的吗？"

当然，这些老婆婆接下来就会开始讨论，说我从小就很会读书，又留过学，工作十几年，到头来还不是要回家做饭洗衣当煮饭婆。然后再对着用心栽培我的妈妈一阵唏嘘，识大体地说几句客气话：“不过啊，孩子自己带比较好啦！你看，这三个男孩多可爱啊！”原本我顶着高学历做全职妈妈，就经常被视为异类，而现在才发现，带着三个男孩出门更让我成为异类中的异类。所幸我已经将这一天遇到的各类型的题库与答案全都存档起来，往后要是碰到同样的状况，光是看看出题人的表情，我脑袋里的标准答案就能自动跳出来啦！

幻想带着女儿装扮纸娃娃，结果竟是每天帮儿子画车车

打从想要生孩子开始，我对孩子所有的想象，都是生个可爱漂亮的女娃娃；而从小在四姐妹堆中打滚、青春期又在女校中长大的我，脑袋里的确也只能想到各种有关“女宝宝”的具体成长轮廓。关于男孩子的一切，我可谓一无所知！

因为，我清楚自己成长过程中身与心的所有需求、喜好、愿望、痛苦、遗憾，从自己身体分离出来的小“女”孩，似乎更接近于一个关于“我”的生命延续体。我不但很有自信能理解她的种种心灵变化，也非常熟悉取悦她的各种伎俩；因为，只要回顾自己的童年，就能找到答案。我更有自信为她缔造每一个阶段的小圆满，也期待在她的幸福喜乐中投射自己的情感，重温那些曾被充分满足的童年时刻，或是，好好弥补未曾被饱足喂养的部分。

比如说，最让我怦然心动的一幅幸福蓝图，就是我亲手拿着小公主自制的“纸娃娃”！哪个女孩不爱漂亮呢？小时候，只要手边有张图画纸，我就能勾勒出面容姣好的纸娃娃，画好之后剪下来，再贴在五颜六色的纸上，按着纸娃娃的玲珑曲线，设计裁剪出一件件摩登洋装、蕾丝晚礼服、花边帽子、长靴、高跟鞋……尽情享受装扮纸娃娃的乐趣！

然而，自从第一个宝宝翔翔进入我的生命之后，我家纸张的功能就从来不是用来描绘美丽幻梦。每天，这小男娃都要我画一模一样的水泥车给他，然后他会盯着图画，紧握小拳头、挥动小手臂学水泥车快速旋转。从他眼角流露出来的，绝非特意讨好的娇柔灵巧，而是自己模仿铿锵机械声所感到的快乐。水泥车画了两个月，我又被迫为翔翔画一列又一列的地铁、火车。

随着老二凯凯、老三钧钧出生，我便成了画直升机、战斗机甚至航空母舰的高手！三个孩子令我不解的行径愈来愈多。比如，两岁的翔翔每天要读的书只有一种，就是充满各种交通工具图片的图鉴，而我只要照着图片学口技，把自己拟“车”化，发出机械运转的声音，就会大受儿子爱戴。看到垃圾车停驻，我若不停下来让翔翔欣赏，这小子就会从婴儿推车上使劲翻转身子，要我立刻停住！

我注意到所有会动的交通工具都具有神奇的魔力，随时随地都能让翔翔为之一振！于是，当另外两个儿子出生后，我就循着相同的路径，带他们坐地铁、看火车、画轮船、叠飞机。我好比在进行一个个已被验证的实验，重复着相同的步骤，保证能输出相同的共鸣与喜悦，屡试不爽！

生养男孩少不了的好处，绝对是能锻炼妈妈的心脏强度

虽然愈来愈能掌控三个小子的脾气，但不代表我乐意迎合男孩所有的性格特征。比如玩积木，他们费尽精力把积木横着排、竖着排，小心翼翼地将积木堆得高高的，最后的快感竟然是将辛苦堆好的积木用力一推，再看着它们噼里啪啦地壮烈倒塌。小男孩聚在一起，除了玩打架还是玩打架，真打假打、上打下打，打得妈妈们心惊胆战，他们却是不打不相识，打出真感情。我非常清楚“爆破、惊悚、混乱、毁灭”能让男孩high到最高点，但是基于女性天生的思维习惯，做妈妈必须有一颗功率强大的心

脏，还要有功能不全的听觉、睁一只眼闭一只眼的迷茫，再加上空间特大的“雅量”，才能适应。

教养小男孩就好比他们堆积木，我以为他们会按照我懂的逻辑老老实实码房子，但男孩就是会出奇不意地来个毁灭，而他们最天真无邪的笑容，也会因那一声砰然巨响而绽放！

铅笔盒里有一支精巧的笔，可以让他们一步一个脚印地完成写字功课，可是不知道这些小子突然哪根筋不对劲了，完好的笔杆被拆得身首异处；带着他们赏鸟看花、逛动物园、读百科全书之后，说不定哪天这些小子可能就像突然中了邪一样，非要弄来一只怪异的爬虫到家里养养看！

虽然家里绝不会出现漂亮的芭比娃娃，但我也绝不想为小子们花钱买什么刀啊剑啊的凶险玩具。然而，刀光剑影却从未在家里销声匿迹，所有的硬纸板、竹筷、橡皮筋，在我不注意的时候全都被重新排列组合，化为一把把崭新的武器。三个孩子喜爱的故事，永远是打打杀杀的剧情，迷上《三国演义》，就来水攻火攻；爱上变形金刚，就天天化身为机器怪兽。家里处处是战场、时时全武行，也让我立下此生最奇特的规矩——“玩打架游戏”的注意要点。

以上这些情况，只要恩威并重、软硬兼施，大约还可以控制，但不时也会有鞭长莫及之处或是力有未逮的视线死角。回首这三段来时路，好比一波接一波心律不整的心电图，忽上忽下、山巅深谷，一不小心擦枪走火就会跌到平均值之外。比如，三个小子两三岁时，额头都曾摔破过，摔了一个个不可思议的大肿包；四五岁开始，吵闹的程度都曾惹来邻居按铃警告；七八岁时都曾被送进急诊室，缝了好几针。很明显，生养男孩少不了的好处，绝对是能锻炼妈妈们的心脏强度！

有人说，妈妈的爱像是弹性永远不会疲乏的橡皮筋，生养愈多，爱就涌现愈多！而我想，生养男孩的妈妈，还能被激发出源源不绝的勇气、体力与魄力！这十多年来，我没有交过学费，也没有请过家教，三个小子着实为我上了非常实用的身体、心灵潜能开发课程。

跟着顽皮男孩，闯进世界另一半

时光飞逝，如今小子们一个个上了幼儿园、升上小学、又踏入青春期；揽镜自照时，忽然觉得自己的眉宇间怎么多了几分英气？难道带男孩连长相也会跟着改变？在男生宿舍的强力改造下，身为妈妈的我也愈来愈“不让须眉”？

确实，境由心转、相由心生，这十多年来，我跟着他们研究了全世界最新颖的高速火车、战斗机；我在杀戮游戏中称职地扮演邪恶分子；我跟着他们崇拜变形金刚绿巨人、玩枪战耍大刀；我一眼也不眨地盯着家里的爬虫大口吃掉活蟋蟀，看着小蛇吃掉小老鼠……

三个男孩在我的身体里安装了一个“好奇顽童”，带着我闯入世界惊奇的另一半，改造我的灵魂、扭转我的兴趣，我这才知道世界上还有这么多神奇的“为什么”。三个孩子不仅给我上了潜能开发课，也是我的科学老师、自然向导、战略军师！事实上，生养男孩的妈妈有多少辛苦就会有多少惊喜，最淋漓尽致的身心透支，也换得更加开阔广博的生活视野！只要我们愿意打开心门，启动他们植入的顽童装置。

然而，在男孩身上的顽童基因，可不是后天被植入，而是根深蒂固的本性使然。他们在广阔天地胡闯乱撞时，很容易误入迷途；他们自以为神通广大时，很可能惹得全世界都火大。我们需要为男孩秘密埋设另一套“保险”机制，以取得灾难防治先机；还得设计好用的“刹车机制”，用来防止灾情扩大难以收拾。而这两个机制绝不会钳制“顽童装置”的充分伸展，反而是缺一不可、相得益彰。让男孩好好地“玩”，其实也会让教养男孩变得“好好玩”！

目 录

推荐序

作者序

前 言

PART 1 生活与社交

培养新好男孩 妈妈是最佳推手

PART 2 学习与开发
善用男孩脑 天性就能变成优势

PART 4 游戏与玩具

玩具兼教具 让男孩玩出一片天

PART 1 生活与社交

培养新好男孩
妈妈是最佳推手

妈妈的柔性教养思维，是帮助男孩提升生活软实力的最佳推手。

对于男孩在生活自理和人际交往两方面的弱势，妈妈可以发挥两性互补的辅助效果，让男孩成为理性与感性完美平衡的最适生存者。

为什么男孩总是会心不在焉、漏看题目、抄错数字

克服粗心大意，先从规律的生活做起

小学男生的大脑，理解力胜于谨慎度、玩心重于耐性，面对密密麻麻的作业考题和生活细节，往往无法淡定以对。

放慢生活节奏、保持作息规律，不要过度给予学习上的负担，当他们感受到时间的余裕和自处的能力，才会安心、专心把事做好。

台上的稳健台风，一到考试就变成急惊风

记得小学毕业前，我们家翔翔的老师为他写了一个超级贴切的脚注："你是个永远活在舞台上的孩子！"但这只是上半句评语，而下半句，老师是在见到我时才半开玩笑地说的："下了舞台，脑袋常常就堵起来了！"

确实，翔翔在台上的熠熠光彩，让我也成了他的粉丝。记得有一次聚餐，在座有十多位欧洲来的朋友，翔翔自告奋勇上台表演魔术。这对他来说轻而易举。然而令我瞠目结舌的是，翔翔竟能从容镇定地一句中文、外加一句英文翔实解说，他稳健的台风，赢得了所有在场的中外长辈们热烈的掌声！不是以英文作为主要语言的欧洲朋友还问我："台湾的孩子都是

这样的吗？”

但是，台上头脑清晰、稳扎稳打的他，一下台就像为自己施了魔法般，变成了一个超级急性子！每每写作业或考试，都宛如猛烈加速的疾驶列车，横冲直撞、不看路况，总会发生跳写、漏写、抄错数字、看错选号或答案、忘记写单位等各种失误。“小毛病不是笨，扣起分数却要人命！”尤其是数学，每次莫名其妙被扣的分数可以高达十分以上，因此他总是无法在考试成绩中感受到自己的聪明度与用功度，不要说孩子很不甘心，就连用心教他的老师都很懊恼！

为此，我花了不少时间将他的问题一个一个精确地找出来，每锁定一个问题，都会数次矫正，再配合奖惩制度强化效果。比如，算除法时，“小数点”老是忘记点，针对这个问题，我要求他一看到小数点就先点，不要等到答案算出来了再补点，因为有时候会忘记补加小数点。

虽然翔翔一次比一次略有进步，但是幅度仍缓慢得令人焦急，尤其是当我的叮咛减少、监督放松时，老毛病又会一再出现！我这才惊觉，虽然依旧要持续地叮嘱孩子，或是想办法帮助孩子，但最根本的问题是他还不够成熟，生理的条件尚不足应付对细节的掌控。

男孩的大脑比较晚熟，专注度与视知觉能力发育较慢

虽然男孩和女孩都可能粗心大意，但很明显，在12岁之前，粗心大意的男孩比例远远高于女孩，而且症状还属于重量级！有些在父母师长眼中古灵精怪的男孩，写起作业却像个满脑子糨糊的傻瓜；分析起问题来，他们逻辑清楚，题题会写，但就是败在粗心大意上！

然而小学的考试与作业，几乎有一半的比重不是在考验孩子的推理能力，而是在考验孩子的细心与耐性。偏偏小学男生的大脑，理解力胜于谨慎度、玩心重于耐性，行事冲动的他们面对密密麻麻的题目，往往没有办

法淡定以对，快速完成才是他们的工作目标。而这样的粗心大意在他们身上反映出来的，不仅是学业受挫，日常生活也同样受到不少干扰。

不少父母仔细叮咛、软硬兼施，仍治不了男孩粗心的毛病，但是老人家总会笑着安慰年轻人："别烦恼！孩子长大就好了！"历练丰富的老人家看人断事，往往如他们看天象预测气候般神准，这正是因为他们看过太多粗心小鬼头长大后脱胎换骨的例证。

确实，根据脑神经科学的研究，大脑皮质的前部专司人的专注力、计划能力和冲动控制能力。平均而言，男孩在这部分普遍比较晚熟，所以很可能他们已经努力用意志力来控制自我，但还是无法摆脱注意力不足的困扰。

而"注意力缺失多动症"（ADHD）的孩子，甚至比非ADHD患者足足晚3年才成熟，这也是为什么男孩被诊断为ADHD的人数会远远多于女孩，男女的比例大约是4：1。另一项研究则发现，ADHD患童唯一比一般儿童发展较为快速的区域是"运动皮质"，这表示他们不仅无法专注安定，反而会无可控制地动个不停，让他们看起来烦躁不安。

有些男孩则是视知觉能力较晚熟。视知觉并不仅仅代表视力，而是掌控着视力与大脑的联结与合作，包括辨认相似的物品图案，能否集中视线以追踪移动的物体，迅速输送并在大脑中储存看到的图像信息，以及大脑能否依据视觉信息来指挥运动系统，也就是手眼的协调度。

旺盛的好奇心，也会让男孩管不住自己

此外，男孩的好奇心强，对外在物理环境主动探索的欲望，要胜过被动接收知识与重复练习的意愿，也就是师长解读的"玩心太重"。因此，虽然主动的观察兴趣以及对物理结构天生的敏锐度，使他们的理解力强过女孩，但男孩却往往管不住自己的意念，无法专注于被动灌输式的学习，

更难耐于细节的操练。

由于以上这些原因，导致很多正常男孩看起来注意力无法持久、躁动不安，甚至还被怀疑患有多动症。因此，教养这一类男孩必须有个认知：

在男孩等待长大的过程中，苦于大脑晚熟的诸多困扰，甚至要忍受被人误解为不专心、不用心、马虎懒惰的“坏孩子”；在面对这些负面评价时，这些男孩更需要努力找到自己的价值、维护自我的信心，在孩提时代确实辛苦。

不过，关于大脑的研究已经为父母们带来一线曙光，只要我们耐心等候、持续努力地帮助孩子，那些坐立难安、粗心大意的男孩随着一步一步的成长，总会有迎头赶上的一天！

妙计1　建立规律作息，放慢生活节奏

容易粗心大意的男孩，在每次转换新环境之初，如上幼儿园、小学、中学时，需要先建立起适当、规律的生活作息时间。因为男孩的内心总是躁动不安，充满各种活蹦乱跳的信息，这些信息稍有空隙就会跳出来干扰他们的专心度。所以何时吃饭、何时做功课，每一门功课花多久做完，何时练习才艺、何时自由玩耍、何时入睡，都要制订一套清楚的时程表，才能让每一项工作都在他们充分掌握中不紧不慢地完成。

粗心的男孩大多冲动急躁、难以安静，这时父母要反其道而行，随时随地为孩子示范从容不迫的处事作风，说话慢慢说、走路慢慢走，凡事按部就班处理好，在潜移默化中影响孩子。

绝对不要把孩子的行程排得太满、太紧，而是要放慢节奏，让他们感受到时间的余裕，这样他们才可以安心、专心地做好每一件事。

有了带老大翔翔的经验，凯凯上小学时，我就决定不要一口气让他上

太多才艺课，也不要因为在幼儿园已经简单地学过拼音与基础数学，就对学校的正规学习掉以轻心。我希望让凯凯有充分的时间养成一步步按计划、用心完成每一项任务的习惯，包括写好每一个字、算好每一道题、仔细整理书包、保管好每一件物品。

表面上来看，“放慢脚步、减少学习”可能会让凯凯输在起跑点，但是从容不迫地做好每一件事情，却让他更快地学会了“专注”。这样一点一滴耐心累积，如今我确实已经收获良多，他终于成了一个不慌不忙、能自己按照计划完成每一项任务的快乐小学生。

至于翔翔，我则很庆幸自己在他的成长过程中，从未停止叮咛与操练，如今面对初中排山倒海而来的繁忙课业，他的“耐烦程度”有增无减，俨然更上一层楼。

妙计2　给孩子些小差事，从小磨炼其细心度

容易行事马虎的男孩，在生活中也特别需要通过练习来锻炼耐性和细心，而且这方面的习惯越小开始养成越好。这是因为孩子还没定性、比较好塑造；还有就是这时候的孩子很黏父母，心思单纯且愿意听从父母的教导。

在小学中低年级之前，可以多带领孩子做些需要细心度的工作来训练孩子的巧手巧眼，例如洗碗、擦桌子、将书报杂志分类整理、绑鞋带，甚至是缝纽扣、衣服等。

如果到了高年级之后才想磨炼孩子的细心与耐心，虽然不是不可能，只是孩子届时恐怕已不再愿意以父母马首是瞻，不仅逐渐定性，也会把耳朵、心灵都关闭起来，要再调整习惯就很难了。

妙计3 打造良好的环境，减少学习干扰

要让好动的男孩定下心来好好学习，最重要的就是提供一个宁静不受干扰的环境，没有嘈杂的玩闹声和电视声，也没有任何使他分心的物品、玩具、计算机或不相关的图书。各类学习用品都有明确而易取的固定位置，而且要不厌其烦地提醒他物归原处、随手整理，以留下清爽整齐的桌面，从而让他有一个更好的学习环境。

妙计4 训练读书心法，提升视知觉能力

视知觉能力较弱的孩子往往会看错、漏看、跳读，从而发生意外的错误；当信息的复杂度愈高，视知觉不胜负荷所导致的奇怪现象就愈多，所以要从小训练孩子的读书心法：眼到、心到、口到、手到。对于语文，要鼓励他们练习用手指着字，以适当的速度逐字朗读；或者拿一把尺子放在每行字的下缘，让视觉焦点集中在同一行，以免其他行的字词干扰视觉。

至于数学，往往失之毫厘，差之千里，所以从入学开始，绝对要鼓励孩子一个字一个字慢慢念题目，而且一边念，还要一边圈点容易错看、漏看的细节。如果在低年级就养成这个好习惯，高年级若是遇上转了两三道弯的复杂题目，就能少吃很多亏了！

我们家老二凯凯读书考试很少让我操心，他上课很专注，回家几乎也不太复习，但学习成绩还是能在班上保持前几名。不过也就是太有自信，他往往会栽在一些小问题上面，像是不看数学单位、大题说明跳过、最后的问题没有耐性读完，以至于题目要求“从小排到大”，他却想当然地“从大排到小”；明明是“对的打钩”，他却匆匆忙忙地画“圈”……虽然最后考得也不错，但为了这些鸡毛蒜皮的差错少拿了好些分数，连他自己也免不了几声叹息！

针对这些小毛病，我们订下了口诀，好让凯凯能更精确、有效地掌握细微之处：

1. 一个字一个字地点读题目。

2. 关键细节请画线。

3. 抄、瞄，每次抄完数字，立刻花一秒的时间瞄一次，检查是否抄对了。

写作业、考试之前，把这些要点念上几遍，作用非常明显。针对视觉落差所造成的粗心问题，妈妈不妨也和孩子一起设计简洁有力的口诀，以达到自我警示的作用。

妙计5　准备错误订正本，提醒“粗心点”

粗心的孩子在课业上常会犯些相同的错误，比如，错别字永远都是那几个、总会把否定句问题看成肯定句问题、数学单位老是看错等。有些父母或托管班老师往往会为了类似这样的错误，要他们多花上几倍的时间，反复大量地做题目练习，其实这样不但无法对症下药，反而会因为永远在做无趣的重复练习，使得原本耐性不足的男孩更加厌恶学习。

事实上，这样的孩子最需要的是针对他们的“粗心点”来更正，让他们能有效地规避常犯的错误。最好的方法就是准备“错误订正本”——语文一本、数学一本、其他学科各一本。

语文部分，像是经常出现的错别字、不正确的用词、造句上的漏失、题目的错误解读；数学部分，则包括容易看错的数字、经常疏忽的单位转换、不规范的解题过程、答非所问的失误等，都要在“错误订正本”中一一记录下来，并且用红笔清楚标示出犯错的地方，以此作为明确的提醒。

在考试之前，则要让他们仔细研读“错误订正本”，这样就很容易唤醒沉睡的记忆，帮助孩子有效率地抓出粗心点，避免重蹈覆辙。

妙计6　分段处理作业，可保持专注和体力

耐心不足的男孩看到大量的作业，第一个直觉绝对是用飞快的速度全部填满，根本不求正确度、完美度就草率了事。此外，孩子埋首于堆积如山的作业中，脑力与眼力长时间持续活动，反倒会因为疲劳而导致效率低下、错误率增加。

过度磨损的机器需要冷却，孩子的学习引擎也需要适当休息才能保持最佳状态。我们可以花一点儿小心思，将作业分割成数个段落，在每个段落设立一个检查点，这有助于孩子劳逸结合，提高效率。在每一个段落完成适量的作业，可以让孩子保持耐性与专注；父母也能在每一个检查点随时帮孩子确认内容、找出错误，在孩子记忆犹新时立刻更正错误。

一位妈妈曾焦虑地跟我说，她儿子也很用功，但是往往进房间没多久就开始神游，该怎么办？其实，我家偶尔也会有“神童”——神游儿童。到底该不该帮他？又要如何帮呢？

由于每个孩子的“自我掌控能力”不一，对于大脑比较晚熟的孩子，当然要设立比较细的检查点，多次介入帮助与检查，才能降低他们的无助感，让他们从每个小段落的“小小成就感”慢慢累积自信。

如果孩子才写一页功课就开始神游，就不妨以一页作为一个检查点，直到他们能专心写好，再渐渐增加每个段落的作业量——一页、两页、三页，到一项作业、两项作业……从“他律”到“自律”是个渐进的过程，对于专注力较差的孩子，放牛吃草绝对会让情况雪上加霜！

妙计7 质量规范提前定，不让孩子应付了事

有些自律性不足的孩子往往缺乏责任感，认为写完作业就算达成目标，不会自我检查、也不在乎作业质量与成绩，这时就需要明确的质量规定来加以约束。我们可以清楚地规定，作业完成的正确率必须达到90%，孩子才可以享受他们真正在乎的权利或是拥有自由的时间；若是未达标，则必须取消这些权利或缩短自由时间。先将作业分段处理，再加上质量的约定，就能有效杜绝孩子应付了事的做法与态度。

妙计8 少责怪粗心处，多肯定细心面

对于我家的粗线条小子，我发现愈气馁、愈责怪，孩子的毛病不减反增，他甚至会认定自己是粗心鬼，不愿意去调整。每次只要一粗心犯错，都会受到相同的指责，一遍遍就像魔咒般深深烙印在孩子的潜意识里，这就是心理学证明存在的“心理暗示”。

与其紧盯孩子的粗心，助长他们负面的自我认知，倒不如努力找机会赞许孩子的细心。当孩子能细心地完成一件事时，要及时给予赞扬，把他们细心的地方记录下来，具体地描述给他们听，甚至最好量化而成为奖励的依据，让他们深深感受到，自己也有能力细心地完成每一件事。

当孩子愈来愈能具体感受到自己的细心，甚至明确体验到这么做的好处时，随着心智的稳定成熟，孩子就会逐渐摆脱粗心的魔咒。

为什么男孩的书包永远像垃圾桶，考卷老是皱巴巴

生活毫无条理？帮助男孩养成好习惯

男孩的计划性与组织力可能更胜女孩，但多半只用在感兴趣的事物上。对于如何打理生活，他们缺乏动机去思考改善、更疏于练习，所以的确需要提醒、引导与要求，以让他们经由训练养成习惯，并体会到执行时的成就感，才会把整理工作内化成生活的一部分。

“我家孩子的书包就像无底洞，乱塞一通！”

“课桌抽屉被塞得一团糟，根本找不到要用的课本！”

“我家小孩的单子、考卷总是皱巴巴的，像是从垃圾桶里捡回来的！”

“橡皮擦三天两头就不见，我处罚、威胁，都起不了作用！”

“每天没多少事情要做，我家那小子却像总经理一样忙得团团转！”

“该交的作业忘记交，该带回来的作业又没带！”

和几个家有男孩的妈妈们聊起教养经，最后的话题却演变成“家有邋遢儿大赛”，我当然也是参赛者之一！妈妈们吐露的现象无奇不有，在小巫见大巫之际，也颇有同病相怜、相互取暖的疗愈作用！应该可以

拿到冠军的那位妈妈无奈地说，有一次闻到了奇臭无比的怪味道，最后从孩子书包里搜出馊掉了的三明治，那以后她干脆直接把儿子的书包称为“垃圾袋”！

男孩喜欢探究事理，却对打点生活不感兴趣

当然，男孩之中也不乏条理分明的孩子，但难以把“秩序”融入生活的男孩，比例确实高于女孩。男孩杂乱无章的日常生活习惯，尤其会让多半爱干净的妈妈或女老师无法忍受，再怎么耳提面命也难有改善。

中低年级时，大多数的小女孩就能展现绝佳的自律性与计划性，这是因为女孩天生重视他人的感受，期盼与周遭缔结和谐、规律的关系。她们天生知道要善尽本分，不想成为害群之马，在团体中也习惯于察言观色，甚至很早就成为能干的小帮手；再加上手眼协调、小肌肉的发育比男孩早，对于日常生活的安排、个人物品的整理维护等，显然更早步上正轨。

相反地，男孩总是将大半的心力放在对事理的追求与了解上，好奇心推着他们把玩闹放中间，义务责任放两边。玩心重的男孩对于如何把生活过得井井有条、如何与外界维系安然和谐的关系，压根儿不感兴趣。

不过，这些男孩或许做起作业时拖拖拉拉，但对自己感兴趣的事情，却能全神贯注。当大人对他们有如垃圾箱的抽屉忍无可忍时，却可能看到小子们把机械零件严谨分类，甚至完美组装！习惯杂乱的男孩真的不是不擅计划，其实，他们的计划性与组织力可能更胜于女孩，但多半非常具有“针对性”，也就是对于真正感兴趣的事物，他们才能展现出无与伦比的逻辑思维能力。

提升男孩的生活组织能力，要用心、更要用对方法

然而，对于如何打理自己的生活，男孩既缺乏行为动机，不擅思考改善之道，更疏于扎实练习，也的确需要旁人的提醒、引导与要求。

就拿翔翔来说，他是我们家的创作小天王，低年级时埋头作曲，中年级时玩魔术，高年级时又写起侦探小说，还带动弟弟也开始自编故事。当翔翔写侦探小说时，可以一整个暑假都安静地伏在案前专注创作。他完成的作品层次分明、角色功能各异，每个悬疑点都精心布设。任何读过他的小说的朋友，都必定会相信他有一个清晰透彻的头脑，以及善于规划的能力。

然而，打从他进入小学以来，所到之处总是如台风过境，一片混乱，对于日常生活中的细节打理，他永远放在最后考虑。不按牌理出牌的他带给我很多功课，在不断的请益、尝试之中，我确实累积了很多心得。

指导习惯杂乱的孩子，不但要用心，更要用对方法，一定要保持一个信念——这类孩子确实需要更多的帮助、监督与指引。只要是他们能力上不容易做到或是心里不愿意做的事，我们都有责任以恒心、毅力，指导他们提升其薄弱的生活组织能力。

随着翔翔逐渐长大，我确实感受到他的进步。上了初中之后，无论是要管理自己的小钱包，还是文具用品，或是老师额外交代了什么任务……他渐渐地都能负责而认真地完成了！小学一年级时，总像是我这个妈妈在帮他上学，凡事都必须耳提面命，而且到了学校后，照样忘得一干二净；而如今，他已经渐渐不敢掉以轻心，确实令人宽慰！

妙计9　不要太快放手，自律必须以他律为基础

杂乱无章的男孩绝对不适合提早“放养”，因为他们随心所欲的天性会主宰一切，不仅会胜过荣誉心、胜过别人对他的是非评价，甚至更胜过

对处罚的恐惧。

要让男孩养成自律的习惯，必须以坚持不放松的“他律”为基础，也就是在他们心智还未定性时，不断在各方面加以严格引导。在成长的过程中，他们的表现或许时好时坏，但是父母必须一以贯之地示范与要求，才能让他们在他律的框架中建立起自律的坚实基础。如果相信“早早放手，他们自然会自己寻求生存之道”，那他们可能已经撞得头破血流了，却还是继续在混乱中饱尝挫折，理不出头绪。

妙计10　把握每个转换的阶段，确立生活新秩序

入学、换班、放寒暑假、上初中……每一次环境与生活的转换，都必须建立新的生活模式与处事习惯，这正是改变孩子、要求孩子正确应对新生活的最佳时机。面对全新的开始，孩子又回归成一张白纸，比较能以客观的心态接受指导，所以父母更要把握这种机会，设立目标、预先计划，帮助孩子建立一套新的规律与模式，让他们自然而然养成好习惯。

我们可以和孩子一起讨论每天的作息安排，学习用品的选择，每样物品的置放空间和分类方式，书房的摆设，书包、柜子的整理，尽量顾及每个层面，与他们共同订下适当的规则，然后用白纸黑字写下执行公约与奖惩的方式。孩子若在新阶段的开端又继续养成不当的习惯与态度，想要在中途力挽狂澜，就必须花费加倍的力气，甚至很可能徒劳无功。

妙计11　选择适合的学习用品，减轻收纳的困扰

对于不愿对生活细节花费过多心力或是收纳物品技巧不足的孩子，在选择学习用品时若能为他们多做点儿贴心的考虑，一定能增进他们的整理效率。一旦降低标准，他们就更有自信完成这些事情。

书包：分层够多是很有必要的。这样可以教导孩子把课本、习题册、小作业本等学习用品分门别类放好，不会全部塞在一起。

资料夹：粗手粗脚的男孩不太适合使用复杂的资料夹，比如拉链不好拉或是窄口的资料夹会让他们根本懒得拿进拿出。一个简便好取用的资料夹或是分了几层但好取好放的文件夹，更能提高他们使用的积极性。

工具盒：太大、分格太多的工具盒也不适合不愿花心思收纳物品的男孩。把要用的剪刀、胶带、胶水等都收纳在一个小型工具箱，方便又省事，他们就会更乐于收纳。

彩色笔等画图工具：彩色笔多半是一支一小格，每次用完应该都要把每支笔乖乖嵌进所属的小格子里，但是喜欢尽情挥洒的男孩一旦陶然忘我起来，必然是用一支搁一支，等到满桌子都放不下了，就会掉落一地。如果把蜡笔、彩色笔或彩色铅笔分别放在不分小格的大笔盒里，男孩每用完一支只要轻轻丢进大笔盒，就能避免各种混乱的状况。

水壶：忘东忘西的孩子最好避免单独拎水壶，因为水壶拎到最后一定会不知去向。水壶要刚刚好能卡进书包侧边的收纳格；太小会因为格口太松而常常掉落；太大则会因为硬要挤进去从而把书包弄坏，或是因为不好塞，于是干脆就不往里塞，很容易弄丢水壶。

妙计12　定期和孩子一起整理书包，依序检查物品置放

刚上小学的孩子，每天都会把所有的课本带去学校又带回来，这是因为课程少，要带的书没有几本，根本不用整理书包。但随着年级渐增，分科愈来愈多，课本、习题册、作业本一整堆，书包就会显得太重，并且会越来越不方便；加上书包空间有限，塞得满满的很难找东西，往往要找一本书，很多孩子会把所有簿本全翻出来，最后懒得分类，就又随便塞回去。

所以从小学一年级开始，就要耐心地指导男孩整理书包。提醒孩子要先按照课表依序放入课本，再检查作业是否都放齐了，接着检查回条、考卷有没有签名，以及学习用品等是否备齐，最后再削铅笔、整理铅笔盒。另外，还要教导孩子善用书包内的夹层并固定类别，如要交的功课固定放在最前面，后面的分层则可以集中放置较小的作业本。

但是，别指望孩子一整个学期都能规规矩矩地分类置放，对于不拘小节的男孩，最好一两周就整理一次，否则书包很快又会变成垃圾袋了。

我家的散漫小子到了高年级，发现妈妈慢慢放手了，书包经常随便塞一下，只要不出差错，就这样得过且过。没想到书包长时间硬塞，不到一学期就报销了，我才发现高年级男孩有时连小学一年级的新人都不如。所以，即使上了高年级、初中，还是要按时检查男孩的书包，偶尔还要从头到尾再规范、指导一次，直到他们真正将整理的习惯内化成生活的一部分。

妙计13　在家里保持整洁，到了学校也不能杂乱

在家里，只要我们愿意，就能指导、监督孩子整理书包、书桌和抽屉，但是别忘了，杂乱小子的另一个主要“基地”是学校，而老师一个人要教导几十个孩子，绝对无法一一紧盯。

为了让孩子能够养成收纳习惯，当他们上学的时候，我们也必须时时要求他们，要定期整理自己在学校的抽屉或工具柜；尤其中低年级时，偶尔可以到学校观察一下孩子学习的环境。

或者也可以和老师沟通，在每周的课表里安排一个固定时段，让全班同学一起整理自己的抽屉与柜子，并且由卫生组长或老师亲自检查。

妙计14　适时适地的小提示，将造就孩子的大效率

杂乱无章的孩子往往也容易健忘、粗心大意，如果能在生活细节上得到提醒和引导，他们通常会乐于遵守，甚至也能做得很好。但有时候，他们还是难免一不小心就会疏忽，所以适时给予清楚可循的线索和指示，就变得非常重要。

对于常常忘记带作业回家的孩子，不妨放一张“爱心提示”在铅笔盒里；对于回家之后总是忘记把鞋子书包放整齐、把饭盒拿出来的孩子，不妨就在门口贴一张一目了然的“进门动作告示牌”；对于容易忘了整理书包的孩子，就在书柜前贴“整理书包步骤”。父母一个小小的贴心提示，就能大大提高孩子的生活效率。

妙计15　帮助孩子规划生活，奠定独立基础

不要片面地为孩子规划生活步骤或读书计划，而是初步规划好之后再和孩子讨论，让他们真的愿意实行。更好的方式是与孩子一起规划，让他们明白自己有多少任务、有多少时间可以运用，为什么要这么做，并且接受必须这么做。

如果只是大人片面地规划，不仅未必适合孩子，孩子也会不明白这么做的用意何在、对于自己的帮助又是什么，反而感觉事不关己，甚至认为这都是父母硬逼自己要接受的工作。只是听命于大人的孩子，一个口令才有一个动作，最终只是要对发号施令的父母交差，绝对难以做到自我省察、自我计划、自我负责。而“亲子一起规划”，也可以为将来孩子上中学时先奠定基础。小学时期就养成爱做计划的习惯与技巧，等孩子逐渐成熟、行事更为稳练，我们就能安心放手，让他们享受更独立自主的生活。

妙计16 适时监督，让孩子体会执行计划的成就感

不论大计划、小计划、学期计划、周计划、日计划，一旦做好规划，父母就要督促孩子执行。然而，监督的方式绝不是紧迫盯人，这样只会让孩子感到压力与反感，他们根本享受不到任何成就感和乐趣。

父母可以依据孩子的个性设立固定的检查时间点——比较散漫的孩子，次数可以频繁一点儿，每隔一小段时间就检查一次工作成果；比较专注而且高效率的孩子，检查的次数相对可以少一点儿。

男孩在成长的过程中，往往如同歧路上的小羊，很容易被稀奇古怪的事物所干扰，所以要不断让他们感受到执行计划的必要性，并且体验到完成之后的充实感。当他们从中感受到好处，知道自己把事情做得更好了，就能肯定自我、建立信心，他们就更乐于接受“凡事要做好计划而且要按部就班执行”的生活模式，而从被动的受人监督，慢慢提升为主动的自我监督，养成良好的生活习惯也就指日可待了。

妙计17 不喜欢的事也要好好做，强化孩子的责任感

我们应该要灌输给男孩一个重要的观念：“不是喜欢的事情才要好好做，有些必须做的事情不一定是你喜欢做的，但也一定要好好做。”但人生经验有限的孩子未必能够领会这层意思，因此一定要找机会让他们目睹我们“细心做事”的过程，让他们明白：无论是作为父母，还是公司的员工，我们都会遇到很烦琐、很不喜欢做，但务必要做、而且得好好做的各种事情。

比如填写密密麻麻的报表、搜集单据报账、整理开会资料，或是清理厨房沾满了油污的瓷砖、整理一箱又一箱换季的衣服……这些不怎么有趣又考验耐性的工作都必须做。每个人都有自己的本分与义务

要尽，学生当然也不例外，无论工作多么烦琐，都要拿出耐性，按部就班地做好。

孩子在日日熏陶下，会真切理解到世上绝大部分的事情都在考验我们的耐性与仔细度，从而愿意仿效我们，把每一件小事做好。当他受到别人的赞许时，自尊心与荣誉感将推动着他继续保持尽责与耐烦的习惯。而在这个过程中，孩子也会因为接受磨炼而锻炼出更好的处事能力，建立更强的自信。

为什么男孩总爱冒险，就算吃尽苦头也乐此不疲

冒险冲动，可以用安全的方式来满足

男孩喜欢冒险，除了基因所致，也因为他们多半会高估自己，或过度陷入英雄情结，从而低估了环境的风险，特别想逞一时之快。

家有冒险小子，采取全面围堵不是办法，除了要有超强的心脏，还要适度地相信他们对身体的控制能力，设立规定，善用机会进行引导、教育。

很多头胎是女孩、第二胎是男孩的妈妈告诉我，起初带女儿一直是周而复始的喂奶哄睡、牵牵小手、唱唱儿歌，规律而安稳，于是就继续勇敢地制造第二胎，没想到儿子出生后，才真正体会到何谓心力交瘁。尤其从男孩开始学爬、学走时起，惊悚剧情就轮番上演，翻箱倒柜、抠插孔、拔插头、玩剪刀、玩电扇……大人愈是禁止，他们愈有兴趣。妈妈们的视线丝毫不敢远离，神经每一分每一秒都得紧绷，教养男孩何其伤神！

的确，生养三个男孩让我确信，冒险的特质确实深深烙印在男孩的基因里，是他们生来就有的印记。我们家三个孩子的肢体发展模式如出一辙：才学会走路，不稳的脚步就一路往前冲，显示出他们内心“跑比走更过瘾”的强烈欲念；真的会跑了，上下楼梯就不再一阶一阶乖乖走，“三

阶并两阶地弹跳”才是基本步伐；到游乐场玩耍，溜滑梯上没多久就会看到他们千奇百怪的实验姿势——躺、俯、侧、冲……非得找出最新鲜刺激的玩法不可！

敏捷动作先于审慎思考，是男孩的冒险本能

这些年来，我心知肚明，男孩天生就对开发自己的身体潜能跃跃欲试，挑战极限的细胞有如千军万马，难以阻挡！在一次又一次饱尝惊吓后，我确实练就了一颗比一般父母更强的心脏，对三个孩子的诸多行径，早已见怪不怪，尺度不由得愈放愈宽。

有一天，凯凯在院子里嬉戏，突然发觉从花圃的砖砌围栏上跳下来非常刺激，就开始在社区里大力搜寻各种高度的砖头围栏。他愈爬愈高、愈挑战愈过瘾。一位妈妈路过，没看到我也在，急得上前去阻止，结果她一转身就瞥见我，对我的神态自若大表不可思议！我回道：“你说服不了他的，他每跳完一次，就会想要试探自己的极限！直到把自己摔痛了，他才会停止的！”

果真，到了一个已经超乎合理范围的高度时，凯凯一跳下去就嗷嗷地叫起来，终于服输自动收手了！我判断这种尝试在安全上还不至于有严重的威胁，也就任由他自行去承受苦果，而学着自我收敛。

研究两性差异的英国心理学家杰夫·特雷齐提出：“冒险倾向可以称得上是男性与女性的区别性特征。”他提出，在人类远古的生活中，男人要负责打猎、觅食，往往需要勇敢无惧、主动出击，长期演化而成的“手脚快于大脑、敏捷动作先于审慎思考”的冒险本能，已深深烙印在男性的基因里。

男孩就像不定时炸弹，常因莽撞行事而自食苦果

也许是天性使然，男孩习惯于把自己假想成无所不能的英雄，因此很容易在自我幻想中高估自己的能力、低估外在风险，这与女性倾向保守观察、被动等待的天性大异其趣。男孩也因而常常成为自己莽撞行事的受害者。

我们家的三个小子自学步以来，大小灾难频繁，真的是防不胜防——牙齿被撞断，额头被撞成大肿包，玩玻璃用品玩到需要挂急诊缝针，被生锈铁片划破造成蜂窝性组织炎……甚至有时候，三个蛮小子的胆大包天与冲动行事，还会把我吓到心跳几乎快要停止。

有一年寒假，娘家姐妹们一起去旅游，一行二十多人刚走进度假村，就看见老大翔翔头破血流出现在我面前。我当时被吓得六神无主，在人生地不熟的台东，一阵手忙脚乱，马上开车护送翔翔到医院急救，止血、缝针、照X光片。我紧紧抱着孩子，全身不由自主地颤抖，眼泪不禁夺眶而出。才短短几分钟，翔翔到底出了什么事？

原来，走在我后头的这小子一进度假村，看见广场上不远处立着一座金光闪闪的战车模型，就以迅雷不及掩耳之势爬了上去。没想到战车的炮管是可以活动的，翔翔才爬上去，钢制的炮管就往前旋转，朝翔翔的后脑勺重重打了下来。等我们发现时，翔翔已经满身是血，他自己也被吓得脸色发白。全家人也跟着惊慌失措，所有玩兴消失殆尽！

真是顽皮呀！这个模型摆在那里好几年，从来没有人想过要爬上去。我这做妈的也万万没料到，一个早就能走能爬能过马路的八岁孩子，还需要我盯得紧紧的？这场可怕的意外真正让我感受到，男孩真像是个难以预测的不定时炸弹，总是想要在风平浪静中冲撞出惊涛骇浪。

环境本身并不可怕，然而一旦出现了冒险冲动的男孩，就会变得危机重重。

男孩会高估自己的能耐，也很容易受群体鼓动

由于男孩普遍容易高估自己的实力，我可以预知自己将来的很多时间都不会太轻松，毕竟到了青春期，男孩的理智并不会随着日渐成熟的身躯而大幅进步。每当看到惊悚的山难、水难，我就会暗自警觉起来，将来该如何面对三个孩子的苦苦逼求，要我准许他们参加各类暗藏危机的活动？而无奈放行后，我又该如何安抚自己揪成一团的脑神经？或许，一直到他们长大成人，我还得继续絮絮叨叨，要他们不要开快车、不要喝酒上路、不要熬夜放纵，等等。男孩们不但容易假想自己是英雄，对勇于冒险的人物也会另眼相待。崇拜的重点则不在于这些人物做的事情到底是对是错，而是在于他们敢为人所不敢为！因此，男孩还面临着另一个潜在危机，也就是当一堆男孩聚在一起时，受到带头英雄的鼓动，很可能就会集体做出更加鲁莽的行为，如打群架、集体飙车等，无所禁忌。

以上都是男孩发生意外伤害的概率要远高于女孩的主要原因，轻则挂急诊、动手术，生活中造成终生遗憾的例子也屡见不鲜，但是不管统计数据多么吓人，都很难遏止男孩的大胆冒险。

家有冒险小子，采取全面围堵的方法绝对是下下策，父母除了要有超强的心脏，还要适度相信他们对自己身体的控制能力，当然更要设立明确规定，适时进行引导、教育。

妙计18　在安全合格的场地里，让男孩正确地冒险

绝对禁止男孩尝试有创意的冒险行为，显然会造就一个搞怪欲望无从释放，只会处处煽风点火、骚扰他人的捣乱王。最好的方法就是带他们到真正安全的场所，在合格教练的监督与教导下，让他们正确

地冒险。

爱在地上玩滑水，不如让孩子去上溜冰课，戴好护具，向教练学习正确的动作与防卫；爱从高处往下跳，就带孩子到有着各种安全体育器材的运动公园，让他们尽情发泄、探索体能极限；喜欢到溪边玩跳水，就让孩子到合格的游泳池，在大人监督下安心尝试。安全的场所、合格的器材、正确的技术训练和妥善的防护，是从事危险活动时的必备条件。

妙计19　建立严明的行为守则，而且不轻易妥协

对不知天高地厚的冒险小子而言，“危险”这两个字是不存在的！当他们内心燃起寻求刺激的冲动时，兴奋感必定会冲毁所有的理智。因此，建立“绝对的威严”与“不轻易妥协”的规定，是保障孩子安全的最重要法则。

2岁时禁止碰插头、插座、热水瓶；5岁时禁止单独过马路、一个人在公园游玩；7岁时禁止使用菜刀、美工刀；9岁时禁止下课后和同学在街上闲逛；12岁禁止和同学相约到溪边或海边游泳；15岁以上不能没有理由随意外宿，或是从事未成年人禁止的活动……这些要求虽然专制无情，但在孩子还不够成熟、无法正确判断环境安危的成长阶段，为了保障他们脆弱的肉体甚至是心灵，却都是必要的规范手段。

对于违反规定的男孩，必须给予处罚，而且是他最在乎的有效处罚，才能真正收到效果。处罚方式则要随着孩子年纪的增长，从强力的管制走向理性的教化。

学步儿时期的孩子完全没有危机意识，但可以借由身体的疼痛记忆来联结，所以有教育学者提出，当两岁的孩子随意碰触危险物品时，要给予

猛然而实时的一拍，并厉声喝斥，以产生教育作用。随着孩子愈加明白事理，则要改成在事前解释、说明、开导，但事后不放松的责罚方式来进行管教。

男孩的心理成熟远远赶不上身体成长，明明身体已经强健有力，却无法相对应地明辨事理以约束自我，所以当然更需要明确的外力和他律来帮助他们避开麻烦。

比如，孩子看到湿湿滑滑的地板忍不住要滑它几下，就请他务必回家先戴好护具、头盔，否则一切免谈；孩子放学之后隐瞒大人和同学四处游荡，就取消他放学后的自由时间；孩子老爱跑到窗口跳上跳下，就请他面壁思过一阵子。

妙计20　给予足量监督陪伴，去除环境的危险因子

孩子的意外多半都是大人不在场的时候发生的，如果你家儿子每天都热衷于把创意巧思用在冒险游戏上，我们就只好认命地付出更多时间陪伴、监督，这也是教养男孩特别辛劳的原因。

为了减轻负担，父母也可以先为孩子尽可能消除危险因子，如在尖锐的桌角、椅角做好防护；坚硬的墙面与地板要铺上软垫；用物品挡住或封住插头、插座；把刀子、强力胶、打火机、针、锥子等危险物品隔绝在孩子的视线之外；将孩子经常会靠近的窗户锁紧；将药品放在孩子拿不到的高处等。父母必须时时检视环境，预想各种潜在的危险性，这样就不会总是提心吊胆，也能放手让孩子无忧无虑地探索各种可能性。

妙计21　了解男孩控制肢体的能力，避免无谓的担心

多陪伴孩子、与孩子互动、参与他们的活动，有一个很大的好处：我们可以确切地感受到孩子控制自己身体的能力。有些家长对于男孩的一举一动都过度紧张，随时喊着“不准跑”“不准跳下来”“不准爬高”“不准追逐”……这都是因为父母对孩子控制与运用身体的能力不够熟悉所致。

如果我们常常陪在孩子身边，观察他们如何运用自己的身体来行动。比如在公园，他们是如何一点一滴建立起攀爬、跳跃、平衡的能力。当我们眼见为凭，确信他们有能力控制好自己的肢体，那么就有限度地成全男孩吧！让身心狂野的他们不再束手束脚，去享受运动给他们带来的乐趣。我们甚至能快慰地欣赏他们矫健灵活的动作，感受到孩子成长的喜悦。

此外，没有受过伤的孩子确实不懂得什么叫作“害怕”，让孩子亲身经历一些没有大碍的小跌倒、小挫折，确实是增强孩子的安危意识的有效方法。

为什么男孩随时随地都想搞恶作剧，唯恐天下不乱

调皮捣蛋，是想证明自己的主导性

掌握“主导性”是男孩行事的基调，可以缔造至高的成就感。许多我们看来调皮捣蛋的把戏，正是他们自得其乐的实验，他们想试试自己主宰环境的能力，目睹世界是否会因此发生变化。只要能证明自己的影响力，男孩就会乐此不疲。

“老师好！”

“老师早！”

清晨，一声声乖巧有礼的问候配合着深深的鞠躬，每间教室通常都是这样平静地揭开了一天的序幕。在一连串像是录音机播放的整齐声音中，却突然冒出了一个装模作样、拖长又放大的怪声音：“老——师——不——好！”

就在老师错愕之际，这孩子立刻来了个超级夸张、头低得几乎要碰到膝盖的鞠躬礼。老师铁青着脸，全班放声狂笑，这孩子则扬扬得意，像是在说：“我的目的达到了！”低头改作业的老师特别为他一个人抬起头来，全班的焦点都集中在他身上，整个教室因他而翻腾。这是老大翔翔班上发生的一个笑话。不用他说，我很确定这个主角一定是——男生！

小男孩是自导自演的天才，想要主宰眼前的世界

投下一个小小的变量，世界就会因他而转动——无论是顺时针或逆时针转动、加速或减速转动，甚至是整个乱了阵脚，只要能证明自己的影响力，男孩就会乐此不疲。

于是乎小猫的耳朵无端被揪了一下；小狗的屁股莫名被踹了一下；安详有礼的场合中突然冒出难堪的“三字经”（脏话）；堆好的积木被用力推倒；女同学的小辫子被扯了；规定不能乱碰的文件竟被叠成了纸飞机；标明禁止入内的区域像是被敌军扫射过，等等。男孩常常和以下词语连在一起：小恶魔、调皮蛋、皮在痒、讨打、不识相、小白、手贱、没教养，等等。然而这可能只是男孩内心的主宰欲失去控制所导致的不良结果。

掌握并享受自己的“主导性”，是男孩行事的基础，可以缔造至高的成就感，无论被骂得多难听、罚得多惨烈，这种“内驱力”让他们很难不故技重演。

许多我们看来调皮捣蛋的男孩把戏，正是男孩自得其乐的小实验，他们要试试自己主宰环境的能耐，要证明世界是否会因他们而产生变化。许多小男孩很像自导自演的天才，把整个生活场景都当成趣味的实验场地，将生活化为一连串的“try&error”，周遭的人或事物当然就是各种实验对象，要是还能找到臭味相投的“实验”伙伴，那可就更完美了。

男孩不擅体察他人情绪，往往就这样把事情搞大了

比起女孩，男孩不太在乎别人的眼光，尤其是长辈关爱的眼神，这并不会影响他们的行为动机。他们不会学着体察别人的感受与情绪，不会因为把这些事处理得当而感到充实，也不见得会因为得罪了别人、侵犯到别人而特别痛苦或愧疚，结果往往就这样把女生弄哭、把人撞伤、把老师气

疯、把父母逼到拿着棍棒追着他们乱打……唯有事情已经发展到不可收拾的田地，男孩才会猛然回神，想到自己干了什么“好事”！

或许，有些比较敏感的男孩会预想到可怕的后果，也老早就看见老师在变脸、瞅见爸妈在找棍子，但为何还是无法悬崖勒马？

只能说在男孩的内心里，想要主宰环境的“内驱力”实在太大了，他们多半无法抗拒，也就只有任灾难由小变大。而处罚只是一时的，男孩们还可以视为是小小的牺牲，觉得也算值得了，所以这些小调皮蛋还是会继续闯祸、让人抓狂。

从小灌输正确观念，男孩才会懂得拿捏行为分寸

那天听完翔翔班上的笑话，我反过来问翔翔，对于那位哗众取宠、大喊“老师不好”的同学——“你喜不喜欢他这样做？”

“是很好玩、很好笑啦，不过……不过……你一定会觉得他太顽皮了吧？”我知道后面这句是说给“大人”听的，表示他的道德标准还不离谱，用不着我担心。不过翔翔的表情还是让我感应到了男孩内心真正的想法：这顽皮小子分明是个英雄啊！

无论老师生不生气、处不处罚，当他鼓起勇气做出让人跌破眼镜的举动，既操控了老师的反应，又神奇地引发同学的笑声，翔翔或是大多数的小男生，绝对不会批判他，反而会拜倒在他主导全场的能力之下。翔翔应该希望让老师抬头一瞥的那个人就是自己吧。

不过，男孩意欲主导场面、证明自我存在的举动，往往就是破坏团体纪律的源头，会扰乱秩序、引起公愤。或许在学龄前，恶作剧的行径在稚嫩讨喜的小嘟脸、小肥手掩护下，还能获得谅解、逗乐大家，甚至被长辈解释成“鬼点子多”“机智灵活”；但长大之后，所有看来颇具渲染效果的恶搞行为，都会让男孩变成可恶至极的捣蛋分子！

满足男孩的主导性，不等于对他们的恶作剧睁一只眼闭一只眼，而是要从小就灌输明确的是非观念，让他们学会分辨幽默与恶作剧的差别，拿捏好何者可为、何者不可为的尺度。

妙计22　利用新闻事件或机会教育，引导孩子思考行为后果

小男孩的幽默创意，往往建立在别人的痛苦之上，一想到别人被捉弄后的困窘尴尬，他们就会乐不可支，根本不曾考虑这些举动可能导致什么样的结果。

看过《小鬼当家》（*Home Alone*）的小男孩，无不被这部电影吸引，对片中捉弄人的高超把戏与效果崇拜不已。我们家的三个孩子甚至如法炮制在家里玩起了“陷阱游戏”。有一天，我才打开浴室门，一个钢杯就从架子上掉落下来，原来他们用一根线把钢杯和门把连接起来，我一开门，就被钢杯砸到了；紧接着我拿起钢杯，手掌又被黏住，因为他们在杯子手把处贴上了黏性超强的泡棉胶带，而且一知道我“遇害”，全都得意地放声大笑。

我一问才知道，他们的邪恶“创意”源自《小鬼当家》。当然，他们只是经历了一场自鸣得意的开心游戏，压根儿不会想到这可能对别人造成伤害。于是，我跟三个孩子讲述了一则当时才发生不久的恶作剧新闻。

一个喜欢捉弄人的初中男生，一时兴起就在同学座位上放了一把又长又尖的大剪刀，没想到匆匆赶回教室的同学一屁股坐下去，剪刀竟然从肛门戳进了直肠，造成相当严重的伤害，而无论这个恶作剧的同学如何忏悔道歉，伤害都已经无法挽回了。孩子们听了，都觉得血腥无比，面面相觑。

我又提到另一个男孩很爱玩的把戏，也就是趁人不备挪开同学的座

椅，等同学坐下时跌个四脚朝天！但是这种恶整法，已经导致好几起受害者脊椎受伤、甚至是半身不遂的事件。我家的三个孩子听了以后也是触动颇深。

或许我们不能完全杜绝男孩搞恶作剧的欲望，但是常常分享真实的新闻事件或是让他们亲眼见证周遭活生生的例子，必定能强化他们对危险动作的因果联想，而升起警惧之心。

妙计23　让男孩体验被恶整的感觉，促使换位思考

小时候，邻居家有个男孩在艳阳高照时常常会玩一种把戏：他躲在二楼的阳台，手拿一面镜子，只要有路人经过就用镜子对准他，把大太阳的强光反射到路人的眼睛上。被强光照射的感觉不但不好受，突如其来的恶整也往往让路人吓一大跳，落荒而逃。而只要受害者一察觉，往上抬头想查明真相时，这个男孩就立刻躲到阳台的围墙后面，所以始终没被揪出来。

有一天，我姐姐也成了受害者，她当然知道是谁干的好事，一气之下就跑去向男孩的妈妈告状！男孩的妈妈很过意不去，当着我们的面，以其人之道还治其人之身，一边开口大骂、一边对着大太阳，直接把强光反射到自己儿子的眼睛上！聚焦的强光照得男孩睁不开双眼，满脸扭曲，他终于体会到被这样恶整，眼睛确实痛苦至极。

很多喜欢恶作剧的男孩，满脑子只想着要快点儿欣赏到自己精心策划的捣蛋效果，却从未考虑到这会造成别人的痛苦。这是因为他们缺乏亲身体验，而没有强烈的感官反馈来激发出换位思考能力，让他们认为这不过是一点儿小难堪，于是就我行我素！

到底别人有多痛苦？不如就让男孩亲身经历同样的身心折磨吧！

妙计24　从小灌输法律知识，建立法治观念

有些男孩，即使亲身体验到对方被恶整的身心折磨，但因为受害人不是自己，又难以压抑心中“唯恐天下不乱”的捣蛋欲望，要让他们自己“良心发现”，恐怕会比较困难。这时我们必须进一步向他们灌输法律观念，从小就让孩子知道“自由”乃是以不侵犯他人的自由为范围；更要以法律条文来告诫他们，如果侵犯他人、破坏公共秩序、损毁公物，后果可不是说声“对不起”就能了事的，一旦触犯法律，那付出的代价将是惨重的。

妙计25　引导创意的方向，把“怪点子”转化为“妙点子”

愈喜欢恶作剧的孩子，愈是机灵聪慧，小脑袋瓜里面的怪点子数都数不清。看到孩子们模仿《小鬼当家》恶整我时，其实我第一个感觉并不是生气，而是觉得小子们颇有“创意”，只是他们对是非对错还缺乏明确的判断力，因此错把机智用在“重口味”的恶作剧之上。

毕竟，看到对方惊声尖叫、摔个狗吃屎、被耍得莫名其妙、急得汗如雨下……特别让男孩有感觉，喜欢当英雄的他们更能真实感受到自己操控一切的威力！再加上“幽默”一向是男孩处理事情依循的重要元素，看到一个体面正常的人毫无防备地变得一身狼狈，反差的“笑”果很容易让男孩把“恶作剧”与“幽默”画上等号。

想纠正男孩的顽皮行为，最好的方式莫过于把他们的“怪点子”引导为“妙点子”。要让男孩感受幽默、体验自己的创意或产生英雄意识，未必要靠着恶整他人来达成，我们也可以让他们把能量与创意导入更有建设性的方向，投注在更能营造喜悦与美好的活动上。

比如喜欢设计的孩子，不妨带他逛逛家居饰品店，让他为家里的摆设动动脑筋，有时候他们的巧思的确非常实用。喜欢把人耍得团团转的男孩

必定会喜欢玩魔术、玩手法、玩特技，例如翔翔爱上魔术之后，再也不觉得《小鬼当家》的伎俩有何高明，因为表演魔术不仅可以要各种观众，还能看到他们崇拜的眼神！

小学毕业前，翔翔还圆了一个梦——在校园当街头艺人表演魔术。他非常有胆识地主动向老师要了二十分钟的下课时间，用满腔的创意与热情策划了一整段魔术表演。为此，他还把所有要用到的背景音乐串在一起，认真地设想整套表演要如何衔接、连贯。

喜欢幽默的孩子，可以多让他欣赏喜剧片或逗趣的相声、舞台剧。当他们被表演者的创意所感动、带动时，可能还会试着自己写笑话、编剧本、演相声。我们家的三个孩子疯狂地爱上“相声瓦舍”（一个相声表演组合）的表演之后，就搜罗了他们的全套相声作品，反复欣赏，每次听都会开怀大笑，听久了也愈来愈能揣摩正向幽默的原理，竟然能自己编起相声剧本来。

有一年暑假，三个孩子将客厅布置得宜，发给我们一人一张“手绘入场券”，然后奉上茶水点心，招呼我们就座后，就有模有样地表演起自编相声！而当翔翔小学六年级时，凯凯刚好四年级、钧钧一年级，这是他们三人一生中唯一同校的一年，于是便携手合作，报名参加了学校的“小小说书人”比赛，把他们平日从“相声瓦舍”吸收到的幽默桥段、表演要素全都用上，以名为“自由不自由”的表演获得了高年级组第一名！

男孩喜欢嬉笑人间、傲视群伦，喜欢看到自己主导场面而制造惊人的效果，这些都是他们立威风、建人脉、成大事的优势条件，但是要成为狗熊或英雄，就要看我们如何将孩子导入正确的方向了！

每个男孩，都是自编自导自演的小天才

无论是校园魔术家、小小说书人，或是直接把客厅当剧场，自导自演一出幽默大戏，只要把男孩的能量创意导入更有建设性的方向，就能激发出一个个妙点子！

为什么男孩很难将心比心，也不容易通过语言沟通打成一片

温柔贴心，是好儿子必备的软实力

男孩善于解析有形的外在物体，却很难体察看不到、摸不着的内心，再加上被刻板的两性印象所钳制，只好用逃避或攻击来宣泄情绪。

引导男孩认识情绪变化、表达自己的感受、注意肢体运用，才能让他们从自我觉察进而将心比心，成为贴心好男孩！

我们家的三个孩子情绪低落时，表现的方式可说是大不相同。

平时不爱生气，也很少会伤心、忧愁的翔翔若是遇到难题、心情不佳时，就会突然沉默下来，一副若有所思的样子，连吃点心都静悄悄的。但是如果问他怎么了，他必定会若无其事地回答“没事啊！”真的没事？凭着女人的直觉，再加上怀胎十月、声息相通的独特联结，我对孩子的判断百分百正确，例如，数学考得奇差、在学校被处罚、跟同学起冲突……翔翔只要进门，不出几分钟，必定会被身为妈妈的我精准侦测、铁口直断。

而凯凯的情绪起伏，则完全反映在脸上，丝毫不加矫饰，最可直接判读的指标就是妈妈或弟弟被他“找碴儿”的程度。在低年级以前，凯凯非常不善于排解怒气，一闹起脾气就找人开刀，最弱势的小弟钧钧就首当其冲，三天两头就变成受气包，被骂、被欺负。而作为与孩子极为亲密的妈

妈，我也成了冤亲债主，凯凯常会处处挑衅、唱反调，似乎不把我激怒到暴跳如雷，绝不罢休。要是找不到人发泄，这小子就会踢墙蹬脚、摔东西，排山倒海的愤怒是家中最强大的恶势力！

男孩摸不透自己的感受，只好用逃避或攻击来宣泄情绪

男孩表现情绪的方式，确实与女孩大不相同。不论小女孩、大女孩、少女或熟女，女性在情绪震荡时，几乎都会本能地四处寻找“垃圾桶”倾倒苦水，好让自己心里舒坦一些。然而要“打开自己的心房”，却是男孩们普遍感到困难的问题。

男孩处理自己情绪的典型模式有：忽略感觉、拒绝表达、自我隔绝；激进的方式则有：肢体发泄、破坏物品、攻击别人。但他们最不会选择的方式，就是好好把来龙去脉诉说一遍，遑论表达自己内心复杂的感受。

男孩善于解析具体、有形的物体，却很难体察看不到、摸不着的“心情”，或许他们觉得不舒坦，但要觉察与分辨自己的感受，就像是遇到刁钻考题般令他们大伤脑筋。于是，个性温和的男孩宁可逃避自己的感觉，拒谈任何细节，或是躲进自己的空间里，闷不吭声；不然就故作潇洒，一副满不在乎的样子，极力让自己抽离事件、逃开现实。个性激烈的男孩则借由摸得着、掌握得到的人或物品来发泄情绪，以粗暴的肢体动作、凶恶的眼神，再配上泄愤式的恶言恶语，把坏情绪转移出去。

因此，不少妈妈向我抱怨她家的小野兽一发脾气，就乱丢玩具，用头撞墙、捶胸顿足；大一点儿的男孩则打沙袋、踢墙、掀桌子、找人打架、欺负弱小；即使孩子已经长大了，也仍然无法使用精确的言语好好说明自己发生了什么事、为什么心情低落。有的妈妈甚至看到儿子发怒就吓得连忙躲到一旁，因为儿子一失控，可能连妈妈都会遭到拳打脚踢。

不会也不愿表达的“不伤心男孩”，才是真正的弱者

长久以来，男性都被认定是强壮的、坚毅的、自信的、勇敢的，使得多数男孩从小就不自觉地隐藏起内心的恐惧、伤感和忧虑，表现出一副对什么都满不在乎的样子，不愿让人一眼看穿自己的内心。一直到长大成人，已经习惯远离真实自我的男孩更是有泪不轻弹、有苦自个儿吞，从未弄清楚自己的真实感受，也不会处理自己的负面情绪。

然而，负面的情绪若没有妥善处理，反而会以不健康的形式表现出来：上课不专心、破坏公物、骚扰别人、说话无礼、行为脱序，等等。到了情绪高涨冲动的青春期，男孩如果继续以自我掩饰来处理情绪问题，负面情绪有可能转而以药瘾、酒瘾、混乱的性关系等方式宣泄出来，甚至伤害别人或残害自己。根据统计，大约有95%的少年杀人犯都是男孩，10个涉毒少年犯中则有9个是男孩。更令人忧心的是，在试图自杀的青少年之中，自杀成功者多是男孩；自杀已成为青少年第二大死因，15岁男孩的自杀率竟比女孩多出7倍。这些恐怖的数据显示，比起絮絮叨叨不断抱怨诉苦的女孩，不会表达、不愿表达的“不伤心男孩”，才是真正苦不堪言、痛不欲生的弱者。

无论逃避自我或是转嫁怒气，都是不健全的情感表达方式，因为情感的表达原则应该是：不能伤害自己，也不能伤害别人的身体与财物。

然而，很不幸的是，人们对于男孩的情感表达方式，始终局限于错误的认知，多半认为“男孩子都是这样表达怒气”，没有必要大惊小怪。对于男孩欺负弱小的弟弟妹妹、邻居、同学，也可能被扭曲成这是“阳刚男子气概”的表现，而忽略了要在关键时刻帮助男孩认识自我的情绪，并且找到健康的舒解管道。

当男孩更了解自己的情绪变化，才会对他人感同身受

若以肉体的痛觉来对比，女孩的痛觉与触觉比男孩更犀利、更灵敏，所以在身体被别人侵犯时，女孩能够更清楚地感觉到难受与痛楚，这也使得女孩更具同情心，不会随意把痛苦加诸别人身上。再加上女孩的身体和力量都不够强大，她们也更能体会弱小者被欺侮的处境，因此女孩最不乐见任何人以武力、暴力来发泄情绪或解决问题。

女孩若是面对纷争，却十分善于用犀利的言辞精准地中伤他人，这也是因为女孩很清楚什么样的词语具有杀伤力，而懂得挑选尖锐的词汇予以反击。这与男孩习惯口出秽言大相径庭，男孩或许根本想不到对方的感受，目的只是发泄自己的怒气。

女孩多半比男孩贴心、细心，这是因为她们能先体察到自身的感受，当她们被尊重、被善待时，也就能清楚地体会到愉悦、舒坦等正面感觉，也因此能设身处地为他人着想。对女孩而言，主动对他人友善，是一种本能的思考模式，这是基于自身体验所产生的条件反射。

然而，在生理上，男孩的痛觉与触觉较为迟钝，自己觉得不痛不痒，当然就无法进一步理解粗暴的行动对别人会造成深重的伤害。对于转向内心去察觉自我，男孩的体会也不及女孩敏锐，更是缺乏兴趣去探究。由于无法精确且深刻地感受自己的情绪变化，相对地，男孩对于别人的喜怒哀乐，更无法有对等的感受力。

要调教出一个既能健康表达情绪，又能体贴别人的好男孩，势必要先引导他认识自己的情绪变化，增强自我的觉察力，让他懂得表达情感，再将自我的感受投射到别人身上，这样他才能设身处地为他人着想，并且进一步关照别人的需要！

妙计26 让男孩知道：哭泣并不丢脸，面对情绪才能面对问题

曾几何时，我发现我是家里最会哭的人。每一次全家一起看剧情片，看到感人或悲伤的情节时，我的泪珠总会情不自禁地夺眶而出。反观身边的“3＋1个无感男生”，却常是呆头呆脑地在一旁毫无表示。奇怪，这些小子以前不是都很会一哭二闹三上吊吗？总要我威胁兼利诱，才能制止他们天崩地裂般的号啕大哭，怎么现在一个一个都不哭了！

“为什么现在都不哭了？”我问曾经泪腺最发达的凯凯。

“男生哭什么？要哭也要躲到棉被里哭！”凯凯理所当然地回答。

原来我们家的小子慢慢长大之后，也难逃所有固执男人的想法：男儿有泪不轻弹！不仅不流泪，我发现他们也不太提及自己的悲伤、忧愁或挫折，我只能从他们黯然的表情中，或是如泄气皮球般的肢体语言中，揣测他们大概遇到了难题。然而，他们似乎也不太愿意让别人插手帮忙。

从小男孩到大男孩最大的变化之一，就是从“直接大哭起来，而且比女生哭得更惨烈”，变成不再轻易掉泪，或是不再轻易在别人面前掉泪。因为随着年龄的增长，他们发现男孩掉泪会被别人耻笑，于是就自我收敛了起来。然而，当男孩不再掉泪，也就表示他跳开了自己根本上的问题，并没有真正去处理那些负面的情绪。

当男孩伤心时，就让他们好好地哭一场吧！让他真实地接触到自己的悲伤，并且习惯自然地表达情绪，把哭泣当成正常的身心反应。男孩也能借此学习培养柔软的身段，大方接受别人真诚的抚慰与关怀。

但是，父母多半都不乐于看到男孩哭泣，甚至可能会因此怀疑自己的儿子少了点儿骨气！男孩其实很轻易就能侦测到这样的情况，因为大多数男孩都很在乎自己看起来是否坚强，最怕被别人批评“娘气”，就像每个

女孩都很在乎自己看起来漂不漂亮、讨不讨人喜欢。比如，我们家的三个小子从中年级开始，就拒绝穿红色外套、用粉红色物品，拒绝和镶有蕾丝边的物品发生任何瓜葛，生怕和“女性化”有所牵扯。于是，“哭”这个被定罪为很“娘”的动词，就此从他们的生活中隐退。不知不觉中，我也快想不起来他们哭泣的表情了。

孩子在内心混沌不安的时刻，确实需要他人的倾听、安慰与教导，尤其父母更是帮助他们从磨难中复原的最重要的支柱。

让孩子哭，鼓励他说出自己的苦，给他温暖的拥抱，让他们理解：表现忧伤并不丢脸，心情可以低落，但不表示从此一蹶不振；察觉到自己的忧伤，不代表就一定会陷入焦虑紧张，而是能够真正面对问题；在抚慰与支持中得到激励、想出对策，重新站起来，这才是处理负面情绪的健康模式。

妙计27　鼓励男孩选用精确的情绪语汇，让别人更了解自己

说实在的，养儿子最大的缺憾倒不是没有体贴舒心的小帮手，而是妈妈天生的八卦欲望无法被满足。我常常看到亲朋好友和女儿窝在一起说说笑笑，享受着“言不及义”的至高乐趣；等到女儿亭亭玉立了，母女还可以携手连心、上街血拼，喝咖啡聊是非。反观养儿子的妈妈，母子双方多半是渐行渐远，到了孩子长大成人时，甚至是话不投机半句多。

虽然，目前我和三个孩子还能聊得轰轰烈烈，但确实得慎选题材，更要刻意地营造与引导，否则我有兴趣的大部分话题，他们的答案多半都是：“不知道！”“没想过！”尤其要请他们对周遭的人或事物发表评价时，他们的形容词更是极其贫乏：“很赞！”“超酷！”“超烂的！”还好我们家的三个孩子不大爱说粗话。我观察来家里玩的男同学，他们的赞

赏之词是——“超屌的！”批判之词更简化为一个字——“干！”

男孩对于人际网络中的细微线索本来就缺乏敏感度，对其后隐藏的人心动向更是毫无推敲的兴趣，因此他们对事、对人的理解大体就是二分法——“好”和“不好”。我们很难期待男孩能使用更多丰富、精确的词语来描述身边百态，他们就连自己的感觉也傻傻说不清楚。感知力的薄弱，也使得男孩表达情绪的言语与方式大打折扣。

因此，当男孩的情绪发生变化时，要把握机会引导他们，让他们学会体察自己的真正感觉，是喜、怒、哀、乐的哪一类？是很强烈、还是很微弱？是愉快的感觉、还是不愉快的感觉？为什么有这样的感觉？然后引导男孩使用适当的词语来表达情绪、传达感受。

当孩子一次又一次体验到别人能真正理解自己，就能增强他们表达情感的动机与技巧，让他们发展出更多样的情绪语汇。男孩会愈来愈了解自己，也更懂得察言观色。以下就是一些常用的情绪词汇：

愉快的感觉：兴奋、快乐、惊喜、高兴、自由、愉快、渴望、得意、安心、满足、期待、羡慕、开心、舒服、信心、坚强、幸福、平静、亲密、宽恕、轻松……

不愉快的感觉：着急、害怕、担忧、恐惧、愤怒、生气、难过、内疚、委屈、讨厌、惊吓、崩溃、痛苦、自责、罪恶、后悔、困惑、浮躁、慌乱、挫折、压力、紧张、失落、无助、无奈、失望、自卑、哀伤、寂寞、空虚、麻木、疏离、嫉妒、怨恨、怜悯、骄傲、羞愧……

中性的感觉：害羞、慵懒、好奇、尴尬……

妙计28　引导男孩注意自己的肢体语言，并适时修正调整

男性不太会使用言语表达自己的情绪，但肢体语言却直截了当——骄

傲时得意忘形，愤怒时掀桌翻椅；赢球时把人疯狂高举，借酒消愁时会敲碎酒瓶骂脏话。正是因为不知道如何使用言语来表达自己的感受，男孩激昂的心绪便会通过肢体语言发泄出来。

每当我在辅导翔翔功课时，约莫十多分钟，他就会开始甩笔，或是不自觉地趴低身子、大力抖起脚来，这时我便会提醒他："请专心！"他会矢口否认自己分心，但等我一提问功课，他显然已经跟不上了，他才知道自己真的已经走神儿了。

钧钧最常被我叮咛的，则是他"太过快乐"的脚步声。因为我们住在鸽子笼般的公寓里，只要楼上住户的脚步重了一点儿或是随意地挪动椅子，我们就会突然一阵胆战心惊。钧钧常把无忧无虑的心情表现在"蹦、蹦、蹦"的活蹦乱跳上，毫无警觉，这常令我神经紧绷，担心楼下邻居会冲上来抗议。

适当而成功的情绪表达当然包含了言语及肢体动作，例如，见到多年不见的好友会激动得紧紧拥抱对方。但是，男孩伴随情绪而出现的肢体动作往往过于粗重夸张，甚至因此擦枪走火，一不小心就会伤害他人或破坏秩序。引导男孩关注自己的肢体语言，一方面能让他们从看得见的动作中察觉自己的情绪状态；另一方面也能帮助他们修正不适当的肢体反应，减少伤害。

当男孩无法控制自己，用激烈的肢体语言表达情绪时，或许可以引导他用其他替代的方式，像是踢打枕头、软垫而非墙壁，撕破纸张而非乱砸易碎物品，等等。当然，教导孩子以隔离、闭眼、静坐、数数、深呼吸等方式先冷静下来，事后再以适当的言语来描述自己的感受，说明事情的来龙去脉，这才是理性表达自我情绪的最正确的渠道。

妙计29　持续陪伴与示范，等待火爆小浪子渐渐成熟

我们家的火爆浪子凯凯在学龄前，每天要小哭十多次，暴怒起来还会猛烈撞墙，弄得全家鸡犬不宁，这种情况持续了好几年。直到有一天临睡前，我凝视着这个恐怖分子，才惊觉眼前这张小脸嫩滑依旧，但线条已不知不觉平顺、柔和了许多呢！

教养出三个资优孩子的生化天才杨定一曾说："教养孩子不会有奇迹！不可能今天做了什么，明天就会有结果。"但是在凝视孩子的那一瞬间，我真的认为，和幼时判若两人的凯凯就像是一个奇迹！我思考自己所做的，就是在他每一次发作过后，都不放过机会，要他好好辨别、省察自己的"内心"，想清楚自己为何如此生气？有没有必要这么生气？引导他健康地表达愤怒、控制愤怒，同时试着站在别人的立场，来看待自己造成的伤害。

虽然他每次的进步都小得让我几乎看不见，但若把时间拉长，回首一望，这孩子早已奇迹似的转变了！杨定一说："最重要的是，陪伴的时间要足够长！"尤其是正向的陪伴、指导与示范，不断引导孩子去分辨自己的感觉，引导他们用健康无害的方式表达情绪、转移焦点。随着理解力与控制力逐渐成熟，男孩们终能学会关照他人的感受，从而平稳地控制自我！

教养手札

“妈妈，这份你先吃吧！”

——量足质佳的爱与温情，是塑造贴心男孩的养分

秋天习习凉风中，不时闪着夏日欲走还留的暖阳。这天，全家和一群老友到淡水的一个小农场里烤肉。正当我在阵阵熏烟里奋战时，有一双小手悄悄伸了过来，眼前出现了一块吐司，夹着热腾腾的肉片：“妈妈，这份你先吃吧！”

我的小儿子钧钧，总会在想到自己之前，先想到我。只要是好吃好喝的，他总是尝了一口之后，就先停下，不忍心妈妈没有实时享受到同等的福分，立刻就为我奉上。而当我像陀螺忙得团团转，还得受一家子臭男生的气时，钧钧总是面露不舍，马上端来茶水哄我：“妈妈，先喝一杯水吧！”

老公晚归前，也总是会接到钧钧一通温馨的叮咛电话：“爸爸，你要回家吃饭吗？”因为拥有钧钧这个贴心的小天使，我和老公从未有过没有女儿的遗憾！

每当看到钧钧，我就在想，这三个男孩中，这个最小的怎么就这么讨人喜欢？我并没有刻意教导，他的体贴、舒心完全出于自动自发。

“为什么钧钧总是这么可爱贴心呢？”

“因为妈妈也是这样对我的啊！”

确实，已经生了三个孩子，看着老大和老二的个子已经比我还高，一方面沾沾自喜于身为母亲的日日耕耘；一方面也若有所失，感受到亲子之

间日渐浮出的隔阂。所幸钧钧的滑嫩肥短，还能让我继续沉浸在母亲的甜蜜中。小孩子是怎么看怎么可爱，虽然他也在长大，但怎么看都长不大。或许正因如此，我不自觉对他付出了更多的母爱。

如果说，男孩可以向爸爸学习做个坚毅、果敢、有担当的“男子汉”，那么他们也可以从妈妈的身上获得支持、温情，学会爱与付出。这两种力量就如同双脚，必须相辅相成，支撑着男孩站稳脚跟。

妈妈是一个永远的“爱的基地”，男孩从这里获得爱的同时，也会将获得的爱转化成“爱人”的力量。他接收多少爱、储存多少爱，才能付出多少爱，妈妈确实是一个最重要的“爱的总部”“爱的榜样”。

但爱的付出也必须适当适量，与独立自主的训练保持平衡，而不是取代，否则对男孩的爱会变成“宠爱”，而非“健康的爱”。被过度宠爱的男孩感受不到别人的需要，也无从体验自己的能力，当然就很难从主动付出中找到自我价值，感受体贴他人、关心他人的喜悦。

至于两位哥哥为什么不会像小弟钧钧这样贴心？这并非是我对他们有差别待遇，一方面或许是他们逐渐长大了，认为很多事做起来比较别扭；另一方面也是个性使然。每当钧钧对我“投怀送抱”、索求“亲亲”的时候，我常常会瞥见一双钦羡渴望的眼神，那就是来自含蓄内敛的凯凯，他也一样可爱。于是，接下来，我一定也会紧紧抱起他来闻一闻、亲一亲，也一定会给他爱的保证：“凯凯怎么这么香、这么可爱、这么帅！”他随即腼腆地挤出满足的笑容。我很了解这个孩子需要爱、也爱爸妈，只是个性使然让他做不出来撒娇这件事。

很多男孩出于个性或受两性刻板印象的影响，即使知道自己应该要体贴、要付出，要说些温柔关怀的言语，但就是做不出来或是觉得这样做有失男子气概。对于表现不出爱意的男孩，爸爸可是最佳示范榜样，做一个勇敢付出、体贴舒心的好丈夫、好爸爸，小小铁汉子绝对会有样学样！

而对于酷酷冷漠男，敏锐的妈妈要及时、主动地体察他们对爱的需要，多给他们一些拥抱，多向他们说些甜蜜、温暖的话语。对于被动保守的男孩，妈妈则不妨直接提出需求，比如，请他们帮忙提重物、倒茶水、捶捶背，只要他们愿意回应，也做得不错，千万要记得及时感谢与赞许，这样他们就会慢慢养成替他人着想、为他人付出的习惯，而且愈做愈自然！

钧钧送给妈妈的冰棒兑换券，体现出孩子贴心可爱的一面。

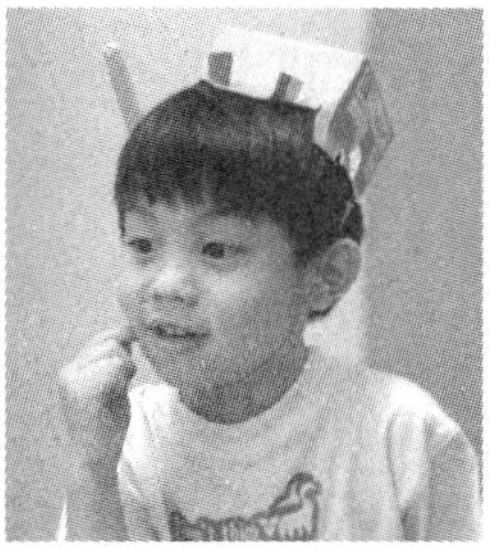

为什么男孩不打不相识，不知道名字也能玩到一起

交际能力，要照男孩喜欢的方式来培养

男孩交朋友是要一起做有趣的活动，不妨平常心看待他们的打架游戏。男孩喜欢引人瞩目，所以要帮助他们寻找自我特色、展现优势；男孩喜欢集结成帮，所以要教导他们慎选朋友、不要冲动行事；男孩群体常会压迫弱势来壮大自我，所以要多提醒他们杜绝暴力。

表示好感不是跟他握握手，而是找他打一架

小学低年级的男孩玩在一起，几乎都会演变成难以排解的灾难。他们总爱玩追逐打架的游戏，但因肢体动作剧烈、控制力道尚不成熟，往往一不小心就假打变成真痛，真痛就引发真打，假扮的英雄忍不住开始真的报仇，从而上演全武行，让游戏在愤恨中草草收场。

成长过程中缺乏打架经验的妈妈们，往往对这类游戏深恶痛绝，一旦自己的儿子被人打哭、打伤了，对那些顽劣分子就会十分反感。于是，小孩的无心玩闹竟演变成了大人的难解心结，那些能让自家小子满足逞威风心态的“战友”，往往被列入不受大人欢迎的黑名单。

我们家小子在幼儿时期，也曾是这种黑名单上的常客。不过，看惯小

子们好勇斗狠之后，妈妈们的神经也被训练得愈来愈大条。这些好战分子每每才撂下狠话，没多久记忆就会自动消磁。第二天在公园里，妈妈们彼此可能还欲言又止，小子们却已不计前嫌、热情拥抱，再度上演轰轰烈烈的“战事”！

除了喜欢处处找对象比武艺、逞英雄，有些小男生表达热情的方式，也让人难以消受。他们不会开口邀请对方当朋友，却用打人、推人的方式表达好感。对触觉敏感度低的男孩来说，你打我、我打你，确实能臭味相投、毫不计较；但是对于触觉敏感度高的孩子，尤其是女生，这些动作派男孩就成为大家的眼中钉了。

孩子读大班时，班上有个男孩，每天都会莫名其妙推挤同学，爸妈、老师千方百计问他为什么这样做，他也说不出个所以然来。原来是热情活泼的他不甘寂寞，总想要凑热闹，但因为不擅表达，只好用肢体碰撞来引人瞩目。因为自己的触觉敏感度低，对于别人相同程度的碰撞，他多半不以为然，所以也就无法设身处地感受到别人对等的痛苦。而别人愈是因为觉得反感而拒绝，他就愈感到孤立无伴，但又想不出更好的解决方法，当然就会变本加厉，一直到成为大家眼中的麻烦人物。

男孩的交友模式，是对“事”不对“人”

小男生打交道的方式，鲜少是以客客气气、互相自我介绍为起点，甚至不是以交谈为切入点。有些好动活泼的小男生，只要看到热闹的场面，都还搞不清楚对方是圆是方、是什么个性来历，就自动搅和起来。有一次我陪孩子们在公园玩耍时，看到他们在不远处和两三个小男生就地打成一片，玩起了“墙壁鬼”，跑得满头大汗、欲罢不能，就像是认识多年的老友。等回家一问，我才发现他们竟然连对方的名字都叫不出来。

这种对“事”不对“人”的交友模式，和女孩完全不同。交朋友让男孩感到满足的原因，不是因为能交流心情、互诉心事，而是可以一起做些有趣、刺激的事：学龄前，一起跑跳追逐、打架比武；中高年级的时候，则把战斗力化为规则化的球类运动、电玩游戏。

进入青春期，男孩建立友谊的模式，也多半是因为共同的爱好而聚在一起，谈天的话题则多半围绕在事而非人之上，像是新推出的电玩怎么玩、何时上线；手机的款式与功能；球队、球星、赛季与赛事；电影、侦探或科幻小说情节，等等。年幼的男孩甚至不太聊天，因为他们凑在一起，完全是出于玩耍与活动的需要，有时只要有打斗的惊呼声，就已十分尽兴。

男孩的友谊，必须建立在“事情”之上，否则他们可能就找不到共同点，成为各自沉默又无趣的不相干个体。女孩则完全不同，无论在电话上、网络上，或是吃饭、逛街，只要能互诉心事、聊得痛快，即使兴趣南辕北辙，不必一起打球、打电动，女孩也能认定彼此是知交好友。

对女孩而言，共同从事的“事情”只是背景，“聊心、交心”才是友谊的主题。

对于人与人之间的关系动向，女人不仅有着直觉的敏感度，更无法压抑天生的探求欲望。说穿了，八卦的特质其实内建于女人的天性中。我这个妈妈当然也不例外，总是想探查三个孩子生活中的风吹草动，尤其是人际互动的状况。但他们对我的问题多半不太感兴趣，不是一问三不知，就是懒得搭腔。身处男生宿舍中，确实不需要太高明的狗仔本事，而我也得出了一个结论：让男生快乐满足的条件，绝不包含畅所欲言；但如果要让女人痛不欲生，就是堵住她那张爱聊八卦、说是非的嘴。

“男孩帮”义气相挺，却也容易合伙做出傻事

男孩多半都有成为某一群体分子的需要，他们喜欢集结成帮，以此作

为被人认可和自我认同的标准。当男孩臭味相投结成群体时，还会推选一个小领导出来，像是猴群推举猴王一样。通常，体能好、运动细胞强、强势又聪明的男孩会特别受推崇，男孩们会向他自动靠拢，以其马首是瞻，从而形成一个拥有领袖、阶级分明的男孩帮。

这样的组成方式确实能带来积极的力量，基于共同兴趣而结合在一起的男孩帮，不但有“老大”凝聚向心力，成员之间也会同仇敌忾，并且隐约弥漫着一股彼此较劲的微妙气氛，鞭策成员们不断精进自我、表现男子气概。此外，在群体压力下，成员也会彼此影响与约束，并且同心协力完成任务。当这种力量发挥于正向目标时，不但能带动个人成长，也能缔造惊人的创举，这是人类不断进步的重要原动力。

然而，男孩这种“帮派交谊模式”也存在着很多危机。如果领导者极度强势，一旦思想有所偏差，就很容易误导成员做出危险的蠢事、意想不到的怪事或恶行恶霸的坏事。男孩们会相互怂恿，因为人多胆子大，就把安危抛诸脑后，一起到深山探险、在狂风大浪中戏水、集体飙车、斗殴叫阵，甚至从事反社会的行为，如吸毒、酗酒、破坏公物、偷窃抢劫等。风靡全球的小说与电影《少年鳄鱼帮》（*The Crocodiles*）即刻画出了男孩群体的典型发展模式。一群少年以自创的“鳄鱼帮”为荣，为了表现自己的能耐、证明自己的价值，他们铤而走险、突破界线，在人烟罕至之境修建树屋，在禁止进入的旧工厂打造秘密基地，用恶作剧的方法挑战霸权，深刻表现了男孩成群结党、喜爱冒险、想当英雄的特质。

小说一开始，就描述鳄鱼帮成员如何刁难一位渴望加入的少年。他们不知轻重地设计了“试胆大会”，以考验这个孩子的勇气，而完全不会评估安危。少年一心想获得认可，于是在叫嚣声中爬上摇摇欲坠、支离破碎的老房子，差一点儿丢掉小命。这个情节确实反映出一群男孩在集结之后，行事会加倍鲁莽，很容易因此闯下大祸。

所幸，最后这个故事还是让男孩群体的力量发挥了正面效应。无意间，他们发现了一宗连续盗窃案件，所有成员因此激起无比的斗志，誓言要团结合作、找到罪犯，因而展开一连串的冒险、侦查行动，即使受到嫌犯威胁与欺凌，也毫不退缩。而初生之犊般的这群少年最终也如愿破案，获得一笔高额奖金，成为英雄人物。

虽然“鳄鱼帮少年”轰轰烈烈的举动是为了打击罪犯，但从另一个角度来看，也确实透露出男孩群体所暗藏的危机。例如，鳄鱼帮成员的座右铭是：“你是当超级英雄的料！”冲着这句话，男孩什么事都敢冲、都敢做。群体力量能激发人的勇气，但也会使人盲目，尤其是成熟度、判断力不足的男孩聚在一起时，很可能因一时兴起，就仗着匹夫之勇，干出惊天动地的蠢事。

为了吸引注意，男孩常会自我膨胀或哗众取宠

男性几乎都有高估自己的倾向，也就是具备七分实力，却以为自己有十分的能耐。基于生物的生存需求，雄性确实需要更充分的自信甚至要高估自己，才能发展出保卫家园、拓疆辟土所需的胆识。再加上男性的英雄主义情结，自信满满的男孩要是控制不当，就会显得骄傲狂妄，而招致侧目、让人反感。

生物界的雄性外形特别耀眼醒目，是为了吸引雌性，也是要威吓对手。同样的，男孩在团体里也喜欢引人注意，甚至不惜以吹牛、讲粗话、说黄色笑话、搞恶作剧、做出粗鄙动作来标示自己的存在。尤其当男孩在正向领域无法建立成就感时，就会反向操作，借由膨胀自己、哗众取宠、刻意骚扰别人来放大自我的价值，以证明自己拥有与众不同的能耐。

当众人的注目令男孩沾沾自喜时，他就不可能观照到别人嫌恶的反应，更不会去深究自己的做法是否能真正提升自我形象，最后只能吹破牛

皮、被人拆穿西洋镜。

暴力现象，是男孩群体中不可忽视的阴暗面

男孩群体中还暗藏着一个可怕、残酷的现象——暴力。男孩的生物本性就如同雄性动物，热衷于相互较劲，比谁更威猛、谁更酷、谁的球技好、谁跑得较快、谁最能展现男子气概。通常，在雄性的生物特质上胜出者，往往能赢得其他男孩的崇敬与臣服；而为了维持胜者之尊，最容易的方式，就是以“压迫弱势”来衬托自己的强大，以维持自己的优势地位。

在男孩的暴力问题中，最残酷的现象就是，很多旁观者并不阻止、也不呈报真实状况。男孩不想成为群体的背叛者，他们非常在意自己是否被认同，会尽全力保有自己与团体的同盟感。而最无奈的现象则是，受害者多半会选择忍气吞声，因为他们觉得“告诉老师没有用”，甚至会担心“报告老师反而会引来报复”。男孩的暴力方式是以肢体行动为主，男孩通常害怕会被修理得更惨，从而使得暴力现象持续存在。

不论是目睹暴力发生的旁观者，还是暴力行为的受害者，“暴力”确实是男孩成长过程中不忍开启的一页伤痛史。父母要十分留意孩子是否具有被暴力伤害的特质，或是否倾向于以暴力手段证明自己的个性。

妙计30　爱玩打斗游戏，只要明确规则，无须过度担心

男孩在四岁左右时，睾固酮会大量增加，即使原本柔顺安定的小男生，也会突然变得活蹦乱跳，不但爱玩战斗游戏，用肢体动作来跟人打交道的迹象也会更加明显。妈妈必须要理解男孩运用肢体的渴望，适度允许他们借由肢体的竞赛来产生成就感。

如果男孩们爱玩打斗游戏，就要和双方先约定：不可以打头、打脸、

踢背，如果有人哭泣、受伤，应立即停止。如果孩子不愿离开，就要协助他们立即分开。

对于小男孩之间因肢体冲撞而造成的不愉快，妈妈们则要淡然处之。因为男孩在当下会愤愤不平，多半不是因为疼痛，而是不甘落于下风；对于肢体战斗的渴望，会让他们自动重修旧好，往往隔天就又玩在一块儿了。

我们家的三个孩子进入中高年级之后，我发现小时候动不动就打得反目成仇的玩伴，早已不再动手，而且孩子之间的感情丝毫未减，真是让我们这些妈妈始料未及。不擅体察他人触觉感受的男孩，必须借由一次次实际的肢体碰撞，甚至是自己的痛觉，才能切身领会别人受到的伤害。随着经验的累积，他们自然会慢慢修正自己的行为。

妙计31　爱讲脏话，就请他直接语译成“器官名称”

有关讲脏话的问题，男孩的出发点是想显现自己很“酷”，但他们并不了解这些话真正的含义是指“生殖器”或跟性有关。我们可以要求他下次想讲脏话时，直接语译成“器官名称”或直接讲出真正的意思，否则就不准讲。这样，男孩便能够体会到，老是把“生殖器”“性行为”放在嘴边有多么不雅，下次在脱口而出之前，就会有所顾忌。

妙计32　爱开玩笑，就帮他多准备笑话集

如果男孩喜欢说黄色笑话、在言语上吃女孩豆腐，我们也可以私下请女同学站出来，向男孩表达自己的反感。男孩到了高年级，会逐渐跟女孩划分界线，这也是他们开始在乎异性观感的起点，只要被他重视的女孩嫌恶过一次，就必定能收到良好的效果。

此外，我们也可以向孩子示范，幽默的题材有很多种，过度以“性”的话题来开女生玩笑，就是不尊重异性。平常可以在家里多放几本笑话集，语不惊人死不休的男孩必定会自动自发看笑话，这样就能拓展他的笑话“广度”了！像我就在家里的厕所、客厅、餐桌上随意放了几本小开本的笑话集、谜语或脑筋急转弯，而我常常就是第一个受益人，每天都会听到好几个笑话。小子们收到了“笑”果，很有成就感，自然就带着这些社交利器去冲人气啦！

妙计33　担心男孩近墨者黑，就教他如何慎选益友

比起女孩，男孩因为更讲义气、更重视被团体认可，所以可能会为了赢得友谊而勉强自己。与其一直担心孩子交到坏朋友，不如从小灌输给孩子筛选朋友的正确标准，让他们懂得“知所进退”。而“友直、友谅、友多闻”是最简单的判断法则，正直诚信、见识丰富、积极进取的孩子，对男孩的正面影响，比我们唠叨千万遍还有用处。

寒暑假时，我都会给孩子一项作业，就是邀请他们最要好的几位朋友来家里做客。一方面，这能让孩子有更充裕的时间和好友互动，同时学习待客之道；另一方面，我也可以据此衡量孩子是否具备结交益友的能力。而我发现，我灌输给孩子的择友观念都发挥了作用，来访的朋友也都是正直、有礼、和善、讨人喜欢的。帮助孩子培养择友能力，让他见贤思齐、提升自我，就是为孩子造福气。

妙计34　爱作怪吸引注意，就鼓励他练就专长来展现自我

通常，运动能力好、品学兼优的男孩，在团体里都能占有一席之地，但是不爱运动、功课也未必很厉害的男孩，虽然内心也有被群体肯定的需

求，但如果又找不到自己的优势，通常就可能会逆向操作，用作怪来吸引注意。

想要男孩不作怪，在团体中又能受人欢迎，可以鼓励他们练就一两项拿手绝活，成为自己的“正字标记”，让男孩有机会充分展现自己。当受到了同学的肯定，他们才能真正建立自信；而拥有自信的男孩，更能在团体中闪闪发光，赢得更多的友谊。

我们家翔翔虽不是驰骋球场的明星，但热情活泼的他，还是掩藏不了想要引起骚动的欲望。我不断鼓励他多和同学打篮球，毕竟男孩帮一个鼻孔出气的情谊，经常都是在球场上用淋漓臭汗凝聚来的。没想到翔翔说：“我有我的方式！不爱打球，一样能受到大家欢迎！”

“那你的法宝是什么呢？”

“魔术啊！很多同学都想跟我学呢！”

男孩们都爱享受被人瞩目的明星级尊崇，而变魔术就是一条捷径，不仅能收获他人赞叹的眼光，还能把人耍得团团转，所以会疯狂爱上魔术的男孩多半是“爱表现的男孩”，翔翔也不例外。

班上男同学都想跟翔翔学魔术，但翔翔觉得自己学成不易，并不想轻易传授，结果竟有同学出价求教——简单的魔术30元，中难度50元，高难度70元，所以在小学毕业前的那段时间，翔翔常带着战利“金”回来。当然，这种吸金方式被我揭穿后，我立刻下令禁止，但也暗自欣喜，孩子竟能用自己的方法在团体中绽放光彩，这可比赢得好成绩更为重要！

妙计35　引导男孩团体中的领袖人物，让他发挥正面影响力

男孩在好的团体里所受到的激励感染，是远远超过父母所能给予的。要观察男孩群体的影响是好是坏，首先得观察其中的领袖人物。如

果这个领袖人物为人正直、兴趣正当，学习态度也很积极，这个团体必然能发挥正面影响力；相反地，如果主导分子操守可议，就得想办法让孩子脱离团体。

此外，我们也可以把握机会，适时地影响并引导孩子所属团体的意见领袖。**不妨请孩子邀请团体中的主导分子到家里做客，蜻蜓点水地和这些孩子聊聊天，善意而巧妙地让他们领会大人们的期许。这一类孩子通常都能认知自己在团体中的角色，拥有强烈的责任感，在行事作风上也会自我要求，以作为伙伴们的表率。如果确定这些领袖是值得学习的榜样，更要鼓励男孩和他们多多来往，持续在团体里接受良性的鼓励和熏陶。**

妙计36　主动关心、适宜保护，防止孩子成为暴力受害者

根据调查，男生遭受暴力的比率非常高，13岁至18岁之间，则是暴力出现的高峰期。

容易被暴力伤害的孩子，可能有这样的特质——人际关系孤立、身材瘦小、体能较差、身心残障。而他们多半会隐忍而不向大人报告，所以父母师长要保持敏锐，主动去观察、关心孩子，如果有以下现象，就要注意这是否是孩子遭受暴力的征兆：

衣服上有不寻常的破洞；身上有难以解释的割伤、淤青；孩子害怕上学或是害怕走路上学；孩子上下学走的路径不合理、上下学花费更长的时间；害怕参加社团活动、对课程忽然没兴趣、表现力变差；孩子回家后，情绪低落、食欲不振、常做噩梦；孩子会常常以头痛、胃痛作为请假不上学的借口。

如果发现孩子受到暴力伤害，第一步就是直接与孩子谈一谈，通常他们会因为尴尬而不愿深谈，这时一定要委婉鼓励，让他们知道父母是可以

信任的。

如果暴力状况发生在上下学途中，务必要接送孩子或请求年长同侪陪同，直到问题解决。孩子升入高年级，则要切实掌握其上下学动向，要求孩子不迟到、不晚归。如果孩子内向害羞而拙于社交，应多帮他安排与兴趣相符的社团活动，以磨炼人际能力、建立自信。

在校容易被欺负或嘲笑的孩子，要让他学会温和而坚定地拒绝对方，大声说出："我不喜欢这样，请你停止！""你的行为已经违反校规，我要报告老师。"这样才能让暴力者知难而退。如果孩子告诉校方、师长，情况却不见改善，也不能放弃，要继续向各级管理层反映，同时更严密地做好保护与陪伴。只有大人适时介入，才能使暴力事件及早杜绝。

妙计37　从小教育、积极协助，防止孩子成为暴力受害者

容易成为暴力者的孩子，有以下特质：没耐心、鲁莽、具有支配力、容易感到挫败、对他人缺乏同理心、缺少父母的温暖关爱。很多人都以为暴力者是人际关系受挫的"独行侠"，事实上刚好相反，暴力者很可能是班上的风云人物，但因观念偏差，而习惯用暴力来维持优越感。也有人误认为暴力者多半是家里疏于管教，但研究显示，往往是父母认同体罚、以权威压迫孩子，才会使这些孩子从小就认同用暴力处事是正当手法，而变成小恶霸。

此外，电子媒体充斥侮谩低俗的言语暴力，也会让孩子误认为讥讽、粗口是幽默感的表现；而且男孩都喜欢看动作片，过度接触暴力故事与画面，不自觉就会开始认同而模仿。如果发现自己的孩子就是暴力者，要积极介入协助。根据调查，在中学时期会欺凌他人的孩子，60%会在24岁之前发生偷窃、吸毒、伤害等犯罪行为。要预防孩子成为校园

霸王，则要从小灌输给他们正确的价值观，让孩子了解："使用暴力并不能解决问题"；以强大欺压弱小一点儿也不"酷"，帮助弱小才能赢得真正的尊敬。

除了肢体暴力，不动粗手的言语暴力更为普遍，即使没有造成身体伤害，但受害者被排挤的效应会因为无人阻止而快速蔓延，自己的孩子也可能因一时好玩凑热闹，成为帮腔助兴的加害人之一。因此，**平常就要告诉孩子，不要因为身体的特征、成绩、家庭背景等而嘲笑他人；每个人都有自己的优点、缺点和特点，应该互相尊重和欣赏。即使是自己的好朋友联合起来排挤某个人，也必须勇敢地跟好友说"不"，不要人云亦云！**

教养手札

强大正义勇士VS邪恶无能狗熊

——爸爸妈妈，一起和孩子玩肉搏战吧

自从我们家的两个大孩子开始上整天课之后，低年级的钧钧中午放学回来，就一定要我和他合演一场“强大正义勇士VS邪恶无能狗雄”的戏码。喜爱动物的他，也当然会把打架的剧情套进以动物为主角的故事里。

他用Lasy组件拼装了英姿焕发的大海鸟及老鹰，这是故事中的两大主角，身怀绝技、充满不可思议的力量，负责保护动物园里所有的动物。而我，当然就是扮演那个邪恶无能的狗熊，因为觊觎珍禽异兽，千方百计要闯入园里窃取动物送去贩卖，以中饱私囊。

当然，三脚猫功夫的我下场很惨烈，一定会被钧钧手上的强大正义勇士——大海鸟及老鹰——打得落花流水，最后还得当着英雄的面忏悔道歉，发誓痛改前非。而为了让剧情天天都有进展，我扮演的大坏人绝不能被彻底消灭，因为只有恶势力死灰复燃，这个故事才能日复一日地演下去、打下去。

男孩们编造的故事，都是如出一辙的老套：“好人打坏人”“正义对抗邪恶”。他们的快乐来源，是感受到自己成为所向披靡的大英雄，就如同女孩总爱幻想自己成为白马王子热烈追求的美丽公主。**在角色扮演的游戏中，男生多半需要武器，女孩则需要漂亮的衣饰；男孩需要一个能证明自己是强者的差劲坏人，女孩则需要能跟她结婚的王子；男孩一定要打**

架——力量是主轴，女孩一定要有情感关联——爱是基础。

所以，现在和小子们玩游戏，我也早就知道该怎么取悦孩子了——就是饰演一个等着被修理的笨蛋坏分子！

一般来说，独生男孩特别容易和别人发生肢体冲突，这是因为他们在家中没有什么玩肢体游戏的机会，而妈妈通常都会引导男孩从事静态的活动，而不习惯宝贝打打闹闹的野蛮行为，所以这些男孩一进入团体中，就会跃跃欲试，想找对象练身手，比一般男孩更投入。

虽然妈妈们多半都不喜欢激烈的肢体运动，但如果家里的小宝贝乐于此道，爸爸能陪伴的时间又有限，有时候妈妈们确实得忘记自己是个和平主义者，抛开矜持，换上一颗小男孩的心脏、再充入饱满的电力，不顾一切卷起衣袖，和好小子比划比划！

而就像钧钧一样，男孩编织的打架故事，未必都只有负面效果，他们可以借此理解正义感，也能学会帮助弱小、打击罪犯，让善有善报、恶有恶报。爸爸妈妈加入战局也有很多好处，首先是可以消耗他们旺盛的战斗力；再者，大人也能适度引导他们排除掉过度暴力的情节，因为小男孩一玩到兴头上，为了消灭敌人，往往会采取很多意想不到的“酷刑”以显示自己的强大，像是砍头、刺心脏等，的确非常血腥暴力，父母就可以实时禁止。

此外，小男孩打起架来不知天高地厚，父母若成为他们的假想敌，也能让他们很好地控制力道，选择适合的物品来当武器。最重要的是，当我们真正投入男孩憧憬的世界时，才能真正了解小男孩的心理图像，也能让孩子跟我们更加亲近。这是“爱的存款”投资报酬率最高的时机，怎能不好好把握？

为什么有越来越多的男孩不像“男孩”

男子气概，既要保留也要再进化

在社会结构和文明走向已经改变的中性时代，很难阻挡男孩在两性特质光谱中，从超雄性朝另一方微调靠近；但我们还是应该继续灌输、巩固男孩健康、适当的雄性本质，同时让他们在人格特质中适度掺入柔软的成分，进化成最适生存者！

嘻嘻男、花美男、草食男……是中性时代的新品种男孩

有不少大学生告诉我，在现今校园中，男生不像“男生”的现象其实很普遍。也就是很多男孩未必喜欢运动，也未必像传统男孩一样热衷参与竞争性的活动；他们看起来阴柔纤弱，热衷于时尚装扮。

在我自己还是学生时，这样的现象虽然存在，但毕竟是极少数。然而这些年来，“男子气概”确实已不是所有男孩都想追求的唯一特质。男孩的多元样貌，也导致了各种新奇名词的出现：嘻嘻男（sisi）、花样美男、奶油小生、雅痞男，相较于过去贬损导向的“娘娘腔”一词，以上的称呼多少带着正面欣赏的意味。

而“草食男”一词更凸显出男孩的反向发展：不恋爱、不做爱、不具攻击性，就好像草食动物一样。很多人甚至喜欢“草食男”不带杀伤力，

比传统男性体贴细心、善解人意的特质。

对于男性特质的快速转变与多元发展，社会大众已渐渐能以更宽容的眼光来看待。

只是，作为父母的我们这一代人，未必能跟上步伐，也未必能打心里真正认同这样的男孩现象。连我都得承认，自己骨子里就是期望看到三个孩子健壮、挺拔、阳光、有担当；长大成人后刚毅坚强，要结婚生子、能经济独立，百分之百拥有主流男子气概。

不过，孩子还没长大，我就不得不面对一系列困惑。我常常催促小子们运动，怂恿着说：“男子汉都热爱运动，最好能爱上一种运动，尤其是竞赛性的球类运动！”非常不热衷运动的翔翔就会回戗我：“爱上魔术不行吗？选择做自己真正喜欢做的事不行吗？班上也有一大堆男生跟我一样，一点儿都不爱运动啊！”

三个孩子确实憧憬威武勇猛的英雄形象，一张又一张精细刻画的变形金刚、机器人图画，呈现出他们钦羡的雄性楷模，但他们倒是不太热衷于塑造自己的强者形象。

比如贴心的小儿子钧钧，温吞中也有些软弱，连皮肤发痒不小心抓破皮，都会跑来跟我诉苦；隔三岔五就往身上贴个创可贴，小心翼翼地保护自己；看电视时，要是出现晴天霹雳的剧情转变，他则会躲起来不敢看。我真的想过，这个可爱的钧钧将来要如何担负起保护女孩的责任呢？

现代的“新好男人”，融入了更多反传统特质

其实，“男子气概”原本就不完全是男性的天生特质，而是一种普世趋向，再经过社会、文化、教育、传播等不断强化而塑造成的主流价值观。然而，为什么在人类历史的发展中，都不曾偏废、远离这样的主流认知呢？

人类学家大卫·普斯（David Puts）以生理性征作为立论基础，指出男性性征的进化目的是为了增加交配机会，而首要任务就是击败竞争对手，所以雄性有着各种坚强装备，如麋鹿角、象牙，厚实的肌肉、额头与下巴，才能进行猛烈的交战攻击；其次，雄性要以鲜明的外表吸引异性注目，像是孔雀有扇羽、狮子有鬃毛，所以动物界的雄性生物也多半是“美男子”。

然而，当人类迈向文明，男性的竞争条件不再只是建立于雄健的体魄和强大的武力。进入工业社会后，知识、技能、智慧更容易获得优势。如今的信息时代，则更加强调创新力、整合力和团队合作能力，加上人类追求和谐、和平的声浪不断，都使得粗暴、好斗的雄性特质不再受欢迎。“新好男人”贴心温柔、善解人意的反传统特质于是崛起，成为全世界鼓励发展的新男性形象。

刚柔并济，温柔男子汉才是最适生存者

当社会结构、文明走向改变，两性的面貌自然会发生变化。我们很难阻挡男孩在两性特质的光谱中，从“超雄性”朝另一个方向微调靠近，这势必是现代父母必须面对、了解并接受的趋势。只是，不可否认，当前社会的整体环境仍是以“生物特征”作为两性发展的最主要基础，一个心性调和而能见容于普遍价值的男孩，更能确保其生活自在与身心愉快。

而在这强调两性平权的世界里，男孩如果在人格特质中适度掺入柔软的成分与弹性的态度，则能进一步成为“更适生存者”。因此在教养之路上，我们还是应该继续灌输、巩固男孩健康、适当的雄性本质，使他们在两性的表现度上偏向雄性、又带有一些雌性的体贴细腻，才能塑造出真正的温柔男子汉！

妙计38 无论男女，都要以培养“独立人格”为基础

现今的两性特质已快速转变，所以不该再将“男性气概”强加在男孩身上，尤其是霸权式、攻击式、战斗式的狭隘男性气概！无论教养男孩或女孩，我们都应该以“培养独立人格”作为出发点，再以切合男孩的生理特质、社会责任及未来角色的模式，勾勒出更精细、不同于女孩的教养方向。

例如，坚强勇敢、体魄健康、独立自主，以及拥有责任心，已不仅是男孩良好生存的条件，女孩也必须努力养成这些特质。父母也要时时提醒自己：要让孩子习惯吃苦、习惯碰钉子、习惯别人的批判、习惯凡事靠自己的力量来解决问题。

妙计39 要男孩像男孩，就让爸爸站出来当模板

男孩在幼儿期即开始社会化，性别意识也逐渐形成，他所有的思想行为都是通过观察模仿、潜移默化而形成的。而他人生中的第一个男性表率就是爸爸，因此要男孩更像男孩，爸爸正是发挥影响力的关键人物。

爸爸如果能在日常的言谈举止中适度展现阳刚之气，男孩就会默默模仿。喜欢运动的父亲绝对会养出小球迷，欢乐地驰骋于球场；喜欢修理物品的父亲，也绝对能找到最佳小助手；对妻子尊重体贴的男人，也会从儿子身上得到贴心回报。

爸爸所展现的坚毅挺拔的雄性风范，是塑造男孩拥有“男子气”的最重要的基石。因此，妈妈们要记得适度退场，让爸爸有机会担起教养责任，让男人用他们的方式影响男孩！然而，妈妈们也别误认为所谓的男子气概就是粗鲁耍酷，还是要默默观察爸爸是否表现过头了，而把粗暴鲁莽、随意冒险的负面特质传授给了儿子，扭曲了“男子汉”的定义。

对于单亲妈妈来说，则可以帮男孩寻找一个正直健康的男性角色典范，亲友、老师或教练都可以，让孩子常常与之相处，作为仿效学习的对象。

妙计40 通过各种生活细节，灌输适宜的性别意识

即使这个时代对男孩的穿着打扮和行为模式有着更为宽容的认可尺度，然而，符合男性生物特质与社会期待的男孩，还是会拥有更正面的自我认同感，也更受欢迎。这并不是要男孩压抑情绪的表达，而是要教导男孩去了解一般男性出于自然而表现的行为举止，同时也要留意人类约定俗成的穿着习惯，让他们更能掌握合宜的行事分寸，找到最适合自己立足的发展位置。

因此，我们有责任从衣、食、住、行等各种生活细节，来强化男孩的性别意识，让他们知道自己应有的行为模式，包括说话方法、肢体语言、应对进退等。如果发现男孩的言行外表偏向阴柔，妈妈则应该适时导正，防止他将女性化的举动变成习惯。

妙计41 帮助男孩锻炼健朗体格、建立阳光形象

有朝气的阳光男孩，确实都有一副强健的体魄。这并非表示男孩一定要高壮威猛，而是整个人看起来体格健朗、自信满满、充满活力。

通常，女孩判定男孩的第一个标准就是身高，但这毕竟是遗传因子所决定，不能强求，况且高个子也未必就是阳刚气魄的保证。即使先天条件不够好，但后天若能补充营养，尤其在青春期特别注意摄取成长所需的钙质与蛋白质，再加上适当的运动、身形的锻炼，男孩也可以摆脱纤弱无力的形象，建立良好的自我感觉，从而保持阳刚健朗的男性气质。

妙计42 家庭环境也会影响性别认知，要避免负面效应

现在独生子特别多，父母也的确会在无形中过度呵护，担心孩子遭受危险与意外，不敢放手让他们独自行动，也舍不得让他们吃苦。这确实不利于男孩通过探索、冒险，以激发雄性本质，养成良好的男孩性格。

此外，在子女多的家庭中，显得较为阴柔的男孩往往都排行老末，这是因为父母常会对小儿子（女儿）特别疼惜，舍不得他们长大，或是不容易感受到他们已经长大。

而原本期盼生女儿的父母，往往会不经意表露私心。男孩若从小就认为父母想要的是女儿，这也会影响他们的行为模式，从而表现出阴柔特质。所以即使想生女儿，也绝对不要在儿子面前长吁短叹："要是生女儿就好了！""真想要一个女儿！""女儿比较贴心！"孩子都是想讨父母欢心的，常被这样的话洗脑，小男孩的心理意识很难不受影响。

在众多姐妹中长大的独子，则要引导他多与同性朋友相处，让他有机会观摩其他男孩的言行，不至于受姐妹过度影响。如果男孩生活在女性角色偏多的环境里，也应该以同样的方式引导他，让他对男性的面貌、男女的差别有更深刻的认识。

妙计43 接受孩子天生的身心气质，享受丰富有趣的亲职体验

如果所有努力都做了，儿子还是一个心思细腻、温柔敏感的男孩，而且要他改变这样的性格特质显然令他感到痛苦，这时就要尊重孩子与生俱来的身心气质，不仅要帮助他认同自己，也要使其见容于社会，更要让他怡然自得地享受生活，拥有与其他男孩同样的幸福。

在这个愈来愈懂得尊重、包容多元价值的开放性社会，这样的孩子反而是独一无二的礼物，会带给我们更为丰富有趣的亲职体验，可以让我们

享受到同时拥有儿子、女儿的双重乐趣！

PART 2 学习与开发

善用男孩脑 天性就能变成优势

男孩的破坏力无穷，但这是他们学习的方式，彻底解构之后再突破框架，创造新局面！

男孩容易被稀奇古怪的事物吸引，但也会从此一步步走向探究万物之路！

男孩喜欢较量体能，这也会引导他们走入运动竞技场，接受身心的磨炼与成败的洗礼！

为什么男孩总爱翻箱倒柜，在家里到处寻宝探险

把好奇心提升为创造力

生理特性驱使下，男孩总是爱在环境中东翻西找，宛如狩猎者探索目标。如果“破坏是为了建设”，如果创意的起点是必须超越界限，对难以掌控的男孩大感无力时，不妨转个念头这样想：他们正在突破框架，以新的角度认识事物，开创属于自己的新局面！

男孩的身心特征，就是为了探索狩猎而设计

男孩与生俱来就和女孩有着极大的不同：好奇心强烈、多出30%的肌肉量、高浓度的红血球、高睾固酮……这些因素组合在一起，会产生什么样的结果？那就是——一个不断在环境中东翻西找、宛如狩猎者随时都在寻求探索目标的男孩！

一旦锁定目标，他们就会兴致勃勃地采取行动：良好的肌肉力让他们拥有敏捷的行动力；高睾固酮驱使他们眼中只有目标，他们会紧咬不放、不顾一切向前冲刺；高浓度的红血球则令他们始终活力充沛，他们持续不懈地探索周围的一切。

男孩的身心特征，似乎就是为了引领人类前进而设计的，以主动进

取、向外探索为取向，与女孩维持和谐、稳定人心的力量形成鲜明对比。

如果“破坏是为了建设”，父母就不得不深入男孩的内心，理解他们大搞破坏的真正动机；如果创意的起点是必须超越界限，当我们对难以掌控的男孩大感无力之际，不妨换个念头这样想：他们正在突破框架，以新的角度认识事物，渴望要开创属于自己的新局面！

破坏就是解构，也是组合、创造的第一步，现在的“破坏”，将能为往后的“发明”奠立清晰的轮廓；那些被东翻西找、横陈四处的“垃圾”，男孩却能从中透视出新的面貌、赋予新的注解，让它摇身一变，成为缤纷的“创意素材”。

所以，在男孩的好奇心勃发时，如果能用正向的引导、适时的支援，来帮助他们满足向外探索的欲望，父母不仅无须为了男孩的翻箱倒柜伤透脑筋，还能进一步激发他们的创作灵感和想象力，让他们从捡破烂、翻破烂的“垃圾王”，变成无中生有、妙手生花的资源再利用艺术家！

妙计44　学步儿时期：开放固定领域，满足探索欲望

开放专属抽屉或柜子，让宝宝尽情翻找

所有小男孩在学步儿时期无不喜欢翻箱倒柜，即使父母严厉喝止，也阻止不了他们强大的探索热情。男孩的身心发育要比女孩晚熟至少半年，责任感、义务感的形成缓慢而困难，明明知道会被父母修理，但在好奇心驱使下仍然很难控制自己。

这时最好的办法，是在每一个房间开放一个专属的抽屉或柜子，告诉他们：“这是宝宝的抽屉哦！宝宝可以打开这个抽屉，其他的抽屉是爸爸妈妈的，宝宝不可以打开爸爸妈妈的抽屉哦！”学步儿的领域概念很强，如果我们能定期在抽屉里更换一些新奇有趣的物品，如免洗餐具、塑胶容

器、铁罐、汤匙等他们平常观察到大人会使用的东西，学步儿就会习惯在限定的区域里满足翻看、探索的欲望！

进行机会教育，让宝宝懂得爱物惜物

另外，要随时进行机会教育（利用一种情况发生的机会，对人进行教育，这样的教育效果会更好），向孩子传达“爱惜物品、物归原处”的价值。从宝贝很小的时候，就要不断告诉他们：“每一样东西跑出来玩之后，都要让它们回到自己的家，就跟宝贝你一样哦！”一开始要亲自带着孩子收拾东西，而且坚持每一次都要把翻出来的物品整理好，再慢慢让宝宝自己把东西收好。

男宝宝不爱收拾是天性，我们可以准备一个垃圾袋，然后告诉他，不带物品回它们的家，它们就会变成流浪汉，就只能到垃圾桶去住了！孩子多半舍不得而能立刻收好。对于喜欢竞争较量的小男孩，妈妈可以干脆跟他比赛，看谁先收好特定区域的物品；或是妈妈在做另一件事情时，看宝宝能不能在妈妈完成前收好，爱刺激的小男孩大多会喜欢这种寓教于乐的生活小游戏。

妙计45　3岁以后：提供创作空间，实现创作梦想

开辟一个创作小天地，提供各种工具

当男孩进入幼儿园阶段，也就是3岁开始，会对使用自己的双手跃跃欲试，在环境中发现的任何物品，都可能是磨炼男孩心智的关键点，也可能变成他们创作所需的“零件”。因此，我在家中规划了一个“以孩子为本”的小天地。

在孩子使用的小桌子上，我总是放着很多不同的笔，让他们想到就画、看到就画，用画画记录、思考；我也为他们准备了各种用不完的纸，

让他们想到什么就能动手剪、贴、叠、粘。此外，在开放式或半开放式的柜子里，我则不断补充各种材料：钓鱼线、毛线、一般棉线、铝线、泡棉胶带、彩色亮光胶带、彩带、吸管、牙签、珠珠、亮片、免洗筷……琳琅满目、应有尽有。孩子窝在这里，心情平稳而放松，创新思维却能得到充分展现，我总是能看见他们安静专注、勤奋工作的可爱模样。

他们知道，当灵感闪动时，这里五花八门的材料能让他们的创新思维得到展现的机会；当他们实时、随兴地在这里翻箱倒柜时，也都能挖到宝藏、找着需要的材料，并且从这些材料中发掘出更多意想不到的创作灵感。

鼓励孩子搜集资源，既环保又能锻炼孩子的动手能力

家里的三个孩子从小就喜欢自己动手，也因此养成了一个怪怪的好习惯——捡破烂、收破烂。用完的线轴、卷筒卫生纸或保鲜膜的轴心、牙线棒盒、胶带圈……他们只看了一眼，就好像已预见到一件创世巨作。别人不屑一顾的“垃圾”，都成了他们可以尽情改造的宝物！

因此，我在他们的小天地里放了一个大大的空箱子，只要是他们认为有利用价值的东西，都欢迎他们留下来，而这个“垃圾回收箱”，也制造出了许多令我惊叹不已的手工作品。凯凯就是我们家的手工小达人，每看完一部惊心动魄的电影，里面神乎其技的武器装备就成了他朝思暮想的创作灵感，不出几天，这些装备果真就会在家中现身！

看完《雷神托尔》，凯凯就把一个平时搜集的中型硬纸盒涂上银色颜料，再滚上中古世纪的复古花边，制成了电影里的“大神锤”；爬山时冲破我和爸爸的百般阻拦，凯凯硬是要带回一根又长又直的枯树枝，回到家立刻重新包装，制作成了《复仇者联盟》里的“神杖”；看完《阿凡达》，凯凯忙不迭地在放学回家的路上仔细捡了一根弧度很美的枯树枝，用毛线在上面缠绕出原始鲜艳的花色，再用橡皮筋接起来，就成了片中

神奇的“弓箭”。此外，《激战未来》中的“隐形战斗机”等也陆续惊喜登场！

我总是在想，要不是在家里刻意空出了这个小天地，要不是留给孩子搜集破烂的自由与空间，三个小子恐怕也把心都送给电玩了吧？如今他们还是觉得，窝在这里翻箱倒柜地实体创作，要比玩任何游戏、电玩来得更有乐趣呢！

男孩的创作天地，充满缤纷想象

看完《阿凡达》做弓箭、参观完海洋馆做鲸鲨、还有战士的面具装备、充满巧思的手工扑克牌……把捡回来的“破烂”尽情改造成各种宝物，要比玩任何游戏、电动来得更有乐趣！

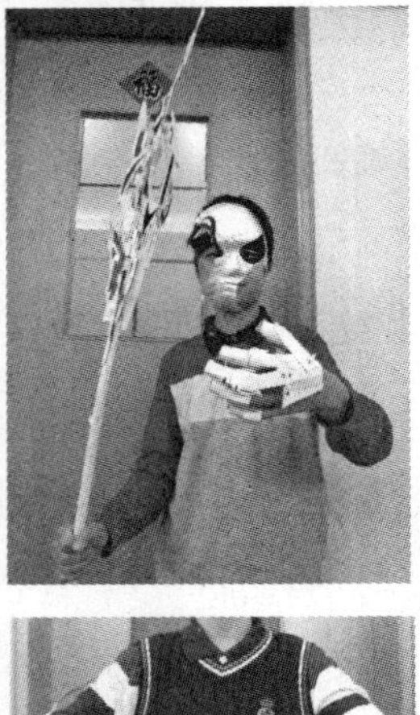

为什么男孩爱玩遥控器，常把各种物品拆得面目全非

将破坏力转化成组织力

对于喜欢操作组装、探究物理构造功能的男孩来说，所有按了按钮就会有声音光亮的真实器械，都比玩具更吸引人。

当小男孩好奇地拆解各种生活物品时，表面上看来是在搞破坏，其实他们正投注了强大的能量在学习，感受解构、组织与创造的乐趣。

男孩对大人的世界、真实的物件，充满了好奇与憧憬

很多爸爸妈妈都会抱怨，花大把钞票买了一堆玩具，小男孩却常玩两下就不玩了！其实，当小男孩来到幼儿园、小学低年级阶段，对机械的兴趣绝对比专为他们而设计制作的儿童玩具的兴趣要大得多，所有按了按钮就会发出声音光亮、结构缜密的真实器械或物体，对他们来说都更具吸引力。

男孩对大人的世界充满了好奇与憧憬。虽然外观华丽的玩具能快速吸引男孩的目光，但不用多久，当他们发现这些玩具乏善可陈或是设计太过简单，就会把它们打入冷宫，再度回到真实世界。除非玩具本身就有可供探究的结构可以让他们拼装组织，否则对于喜欢操作、探究物理构造功能

的男孩来说，真实世界的物品是如何连接、组装而能运转、启动的，对他们更具有吸引力。

小男孩很快就懂得如何操控各式遥控器，不管是电视、DVD播放器、计算机……光是了解按钮及其对应功能，就比所有的玩具都好玩太多了！更好奇的小男孩还会去拆解原子笔、自动铅笔、钢笔，甚至是闹钟、手表、手机等。对于因果结构的探求欲望，主导了男孩大脑的思考，有关道德、良心、惜物或规矩的顾虑全都暂时被抛开，甚至让他们甘冒被严厉处分的风险！

然而，当小男孩好奇地拆解各种生活物品时，表面上看来是在搞破坏，实际上他们也投注了强大的能量在专心学习。如果能好好利用这样的敏锐观察力与专注力，帮助男孩在解构、组装的过程中学习成长，你家的破坏王也有可能成为将来的发明王！

妙计46　借由日常用品，带领小男孩感受简单的物理设计

在学步儿时期，我们就可以发现男孩对于物理与机械原理的好奇。蒙台梭利教具中有很多特别适合男孩的实物教具，例如：给两三岁的小男孩不同大小的螺丝钉与螺丝帽，他们就会立刻安静下来，试着去组合与配对，专注地把螺丝帽拧进相对应的螺丝钉中。

此外，搜集不同的瓶瓶罐罐，把盖子全都拧开，学步儿时期的男孩也会兴致勃勃地把盖子和瓶罐一一对应起来，享受用小手拧紧瓶盖的乐趣。在长途旅行或大人聚餐时，我往往就会准备好几组瓶子、瓶盖，让孩子享受组合操作之乐。只见他们把盖子拧紧又拧松，开开关关、乐此不疲，原本坐不住的捣乱分子顿时安静下来，有时甚至让我忘了他们的存在！

教养到老三钧钧时，我逐渐熟稔小男孩对物理机械的天生好奇，所以

钧钧上小学一年级之后，我甚至主动跟他玩起“拆开与组装”的游戏。有一天，我邀请钧钧跟我比赛“拆开原子笔”和“组装原子笔”，我选了一支单色笔，结果拆开后就再也装不起来，于是又拆了另一支来参考，没想到连第二支笔也被我搞砸了！

而钧钧很有自信地挑了一支三色笔，拆开后很专注、很投入地比对，花了很长一段时间，终于组装好了。没想到小男孩的结构秩序感比我这个大人还要好！制伏小破坏王的方法，不就是要想尽办法升华他们的破坏力吗？在这背后，极可能隐藏着一个想要解构、组装与创造的聪明的小脑瓜呢！

妙计47　提供坏掉的器械当玩具，让男孩化身小小工程师

我们可以把用完、坏掉的各种笔，或是不常用的削铅笔机、闹钟、手表、灯泡、手机等统统留下来，告诉孩子们：如果想拆解机器，这些东西都可以任他们随意拆解，其他物品则不允许；如果真的很想拆，也要经过爸妈同意，否则就是违反家规。

我们也可以在一旁带领、引导，从最简单的自动铅笔、原子笔拆解组装开始，让他们感受弹簧、齿轮、螺丝钉、发条等零件的组合与作用，孩子绝对会乐在其中。对于中高年级以上的孩子，甚至可以提供基本工具让他们拆解组装，像是螺丝刀、扳手、钳子等。

拆解、观察、探究、组合这些旧机器，对男孩来说是乐趣无穷的游戏，更是让他们专注学习的妙方，这样做既不必花费半毛钱，又能让男孩在实体世界中充分感受零件组合、机械运转的巧妙趣味。准备几个箱子或储物柜，让孩子拥有一个小小工作室，体会自己宛如小小工程师般钻研思考的成就感吧！

妙计48 随时制造机会，引导男孩观察生活中的机械现象

著名教育家陶行知曾说过一个故事：有一位母亲因为孩子老是破坏她的手表而生气，她骂也骂过、打也打过，但孩子毫不在意！陶行知于是想了一个方法，建议这个妈妈常带着孩子到钟表修理行参观。数年之后，这个破坏小子竟然成为了一名高级工程师。

喜爱机械物理的男孩，都很热衷观察机械运转的过程。学步儿男孩会认真观察汽车厂里被打开引擎盖的汽车、自行车行的老板如何修理齿轮刹车，或是专心看着火车轮子如何转动、地铁车门如何自动开关……一旦被某种机械现象吸引，他们就会一再观察、天天报到，直到领会其中的原理。我们若能用欣赏的角度来看待这个问题，往往会被他们锲而不舍的精神所感动！

我们家老大翔翔两三岁时，观察到停车场的围杆在红灯亮时会放下来挡住入口，绿灯亮时就自动打开让车子进出，这简单的因果关系，让小男孩感受到自己掌握事物定律的敏锐度，从而获得充实感与自信心。老二凯凯则是在观察火车时看到转辙器，理解了火车自动转弯分轨的原理，也开始尝试绘制、制造有转辙器的火车轨道。

观察是进行探索的第一步，生活中各式各样的物理运转现象都是唾手可得的活教材，当男孩能从中看出“眉目”、看出兴趣，就更有机会朝求知之路继续迈进。

妙计49 根据男孩的能力来分派工作，让他体会双手万能的乐趣

从爱抢遥控器帮忙开电视、开音响就可以看出来，小男孩都乐于用双手证明自己的组装维修能力。只是他们所知有限，破坏的概率往往要大过帮忙，而经常遭到大人阻止，则有可能埋没这些小小工程师的巨大潜力。

与其只顾着阻止他们，我们更应该做的，其实是好好观察小男孩的具体能力，再分派适合的工作给他，让他真正感受到双手万能的乐趣。

例如，把开电器、使用遥控器、装电池等简单的工作交给小男孩，他们就会把工作当成游戏，把自己当成英雄！中高年级的男孩则可以学着修理自动铅笔、换灯管灯泡、修理掉链子的自行车等，他们对于能贡献一己之力，尤其是展现擅长的技能都会沾沾自喜，也能从中建立对器械的敏锐度。

而青春期以上的男孩，有很多都是我们身边的计算机专家和“3C”达人，也是因为他们天生就对结构化设计有着巨大的兴趣，忍不住想亲近与主动学习，所以很快就能领悟个中运作原理并且熟练操控。

妙计50 备齐工具加上示范教导，鼓励男孩成为维修小帮手

有时候，一些比较简单的机械故障，我们也可以鼓励孩子自己动手修理，即使修不好，也可能因此找到问题所在。

我们的邻居里有一个极爱拆卸、组装机器的男孩，从小只要东西坏了，他都会兴冲冲想把它修好，而他节俭的妈妈往往也会让他先试试看，再决定是否要买新的。这位妈妈也因为观察到孩子从小就对机械结构很感兴趣，很早就准备了一套完整的工具放在家里，男孩则是跃跃欲试，享受着操控工具解决问题的快感。

低年级时他修理自己的自动铅笔，中年级则试着修理手表、闹钟，即使最后没有修好，也能明确地告诉妈妈问题出在哪里。五年级时有一次鼠标坏了，他就自己拿螺丝刀将鼠标开肠破肚，结果发现是“里面的电线断了”！六年级时，妈妈不小心把相机的记忆卡掉进计算机主机，他于是把整个主机拆开，取出记忆卡之后又小心翼翼地组装回去。有了这次经验，

日后妈妈碰到维修问题，就直接大胆地以孩子为军师了！

喜欢研究器械的男孩很爱观看大人修理物件，所以爸爸们也可以用示范、分解动作的方式引导男孩，启发他们，把他们培养成家中的维修小帮手。这样的互动也是父子之间特有的共鸣，能开启父亲和儿子独一无二的对话与记忆！

为什么男孩爱看恐龙鲨鱼，对自然生态特别感兴趣

用观察力激发求知欲

男孩对生物结构、生命循环和生态演变，总有着热烈的探索欲望。从观察、辨识与研究的过程中，男孩顺其自然地拓展知识，逐步从饲养宠物、观察猛兽，提升为自主好学的生物研究者。不要错过男孩好奇的双眼，这或许就是启发他们了解万物的契机！

小猫小狗不够看，养酷炫的“爬宠”才神气

男孩女孩都喜欢动物，但比较起来，男孩们除了可爱的小猫小狗，还会狂热地爱上一些不可思议的动物，尤其是姐姐妹妹妈妈阿姨们想到都觉得恶心的怪东西。

一个周末午后，我大老远就看见一个大男生，左肩上披着一条颜色斑斓的黄绿大花巾，神色自若地走来，他的右手搭在左肩上，不时温柔地抚摸这条大花巾。我远远望去，只觉得这花巾似乎有点儿怪异地微微晃动着，等凑前一瞧，天啊！一只几乎和手臂一样长的巨蜥正乖乖躺在他的肩膀上，他则如亲抚婴儿般对它百般怜惜。

“太酷了！”我们家的三个孩子围着这个大哥哥满脸好奇，大男孩则显得更神气了，似乎早就习惯被崇拜他的小男孩一路追着跑。我跟着好

奇的孩子们簇拥着他，一边闲聊起来，这才知道养猫养狗已经不过瘾，早就有一批为数不少的“爬宠族”，以饲养稀奇古怪的爬虫类、蛇类甚至大蜘蛛为乐，而且男孩占了其中绝大多数。

大男孩说，他有很多朋友都是从小就爱爬虫类，喜欢抚摸“爬宠”冰冷湿黏的身体，觉得触感舒服极了，那奇特的外表也愈看愈觉得比外星人更可爱。一些稀有“爬宠”必须从国外进口，如果是有毒性的动物，万一被咬了，在台湾还没有抗毒血清可以治疗，但这些怪怪男孩甘冒染毒的风险，也不想放过和“爬宠”亲密接触的机会。加上男孩到了青春期本来就喜欢表现自我、耍酷耍炫，饲养“爬宠”于是成了男孩的时尚标记，也掀起宠物市场的热潮。

宠物愈古怪，好奇心强大的男孩就愈想探索

凯凯曾在宠物店里看到毛茸茸的大蜘蛛，十分心动，在宠物街逛过来逛过去，最后还是情有独钟地回到原点，望着诱惑他的大蜘蛛。宠物店老板说，大蜘蛛特别讨男孩喜欢，即使在女性眼里，它们根本是巫术的源头、是恶心的代名词、是邪恶的化身，但是男孩却可以废寝忘食地把玩，就是觉得它们“很酷、很炫、很漂亮，是了不起的大自然杰作！”

好奇心强大的男孩，未必会被普世认定的美好事物所吸引；相反，愈是丑恶至极、稀奇古怪的物体，反而愈能勾起他们探究的欲望。愈古怪，他们就愈好奇；愈好奇，就愈想亲近；愈亲近，就愈想了解；愈了解，就愈爱不释手。

即便宠物店老板极力说服，但我一想到以后在家里都免不了要看到这只令人毛骨悚然的大蜘蛛，还是敬谢不敏，鼓励孩子们先尝试比较普遍的、危险性较低的、他们也比较熟悉习性的、容易饲养的动物。因此，孩子们饲养的宠物从小就没有断过——山林里抓回来的锹形虫、独角仙；公

园里捕捉到的蚱蜢、椿象、毛毛虫；湿地捡来的螃蟹、寄居蟹；另外还有巴西龟、仓鼠、娃娃鱼、小鲶鱼、斗鱼、蝾螈、壁虎等。只要适合在拥挤的都市公寓里生存的，他们多半都不会放过，每天放学回家轮流喂养宠物也成了他们的例行工作。

当然，只是饲养这些手持式小生物，绝对无法满足喜欢追逐珍禽异兽的男孩，所以我也在努力收起自己的恐惧与不安，摆脱女性对动物褊狭的好恶，从不敢正视、不敢触摸，变成至少能真心欣赏这些“小怪兽”的可爱！

细心引导，不要埋没了小小自然观察家

男孩对于生物的结构、生命的循环和生态的演变，总是藏着蠢蠢欲动的探索欲望。在阴晴变幻、四季更迭中，他们很能享受细细观察的乐趣，即使是再平凡不过的小生物，他们都能挖掘出意外的大发现。只要我们适时地引导与陪伴、给予时间和空间，男孩们都能展现出令人钦佩的洞察力，成为很棒的自然观察家。

我很早就发现，老三钧钧只要在家里来回漫步，甚至只是待在窗台上静静地看看都市鸟，就能欣然雀跃、十分满足。而曾几何时，这个孩子已成了我的都市鸟观察向导呢！

在台北生活了40余载，我从来就只注意过一种啁啾吵闹的鸟——麻雀，但是钧钧才7岁，却能欢天喜地聆赏到各种婉转鸟鸣。有一次，钧钧放学一进门就紧张兮兮地喊我下楼，催促我仰望天际。我从未留意过，灰蒙苍茫的天空里，有着点点灰黑、白黑的飞鸟疾驰穿梭，丰沛的生命力在消沉的冬季里鼓噪着、跃动着，一处传至一处、一群感染一群。

从此，“下楼轻松赏鸟行”就成了我们的生活习惯之一。钧钧在社区中庭的茄苳枝头上看到了数不清的白头翁正在寒风中吃着果子；他还带着

我仔细聆听，分辨喜鹊低沉粗野的“嘎嘎嘎”、白头翁啰唆叨絮的“啾啾啾”。跟着这个对生命充满好奇的男孩，我真是走完人生一大半了才发现，冬季的天空好热闹啊，一点儿也不死寂。

放学途中的钧钧想必是一路走着，一路愉快而用心地观察着，回家后第一句话往往就是：“妈妈，今天有一个天大的好消息！”这些消息和学校生活无关，而都是一件件“鸟”事！春天时，小小个头的钧钧又注意到骑楼顶上一个又一个的燕子窝，看着它们3月从南方回巢，4月修巢、交配，5月则有一只只小燕子孵育诞生。钧钧的小手领着我这只大手，连续好几天在燕巢下苦苦守候，终于惊喜地等到母燕叼着食物、回巢喂哺小燕的动人时刻！

一件件“鸟”事，成了最佳的自学素材

夏季时，钧钧在旁边公寓的窗台上，看到一种长着黑色羽翼、橘红色嘴和脚的鸟。他起初告诉我这是“红嘴黑鹎”，但经过上网查询，发现在公寓窗台上发现红嘴黑鹎的概率微乎其微，他于是继续探究，最后才笃定地告诉我——那是“白尾八哥”。辨识出这种都市鸟之后，钧钧发现台北四处都看得到它，几乎可以认定这是一种大量繁殖的优势生存者，再进一步研究，原来它是东南亚移入的外来种，因为生存能力强大，而排挤掉了台湾原生种的八哥！

某个午后，眼尖的钧钧在楼下巧遇了两只外形酷似“夜鹭”的禽类，但是夜鹭多半生活在水边、嗜吃鱼，而眼前的两只却是站在草地上，叼着蚯蚓吃得津津有味，看来绝对不是夜鹭。钧钧又逼着我上网查询、比对图片，最后经网友指认，才得知这是“黑冠麻鹭”。我跟着孩子的脚步，轻轻松松又学了一课！

在观察、辨识与研究的过程中，男孩顺其自然地拓展知识，不断累

积生物构造、生存条件、物种竞争、生态环境等相关的背景知识，逐步从宠物玩赏迷提升为自主好学的生物研究者。而参与其中的我，更可以肯定地说：绝对不要错过男孩们好奇的双眼，当孩子忍不住停下脚步东张西望、问这问那，或许这就是最佳的契机，可以启发他们生态观察与探究的智能！

对猛兽投射的英雄情结，也会引发求知欲

除了稀奇古怪的“爬宠”，男孩也会对凶猛巨大、具备优势生存本领、有着强大武器的生物深深着迷。例如，很少有女生会多看恐龙的图片一眼，但许多小男孩对各种恐龙却能如数家珍，他们会兴致勃勃地研读恐龙书籍、搜集恐龙模型，不厌其烦地画上一只只恐龙；光是恐龙史无前例的巨大身躯，就能撼动他们，从而激发他们的崇拜之心。

至于海洋生物，男孩也对杀人鲸、大白鲨、大王鱿等肉食动物最感兴趣。

男孩喜欢观看它们迅速有力地一口咬下小生物，这时他们不但不会同情被宰杀的猎物，反而会觉得与有荣焉，会为这些生物的强大威猛高声喝彩！我认识的一个小男孩，从来不主动看故事书，却常常抱着一本鲨鱼、鲸鱼图鉴，只要有人显露一丁点儿兴趣，他就会长篇大论地把书里的知识完完整整为你讲述一遍，仿佛自己就是鲨鱼的代言人。

留意过男孩们到动物园时最爱看什么吗？可爱的熊猫、无尾熊未必是首选，但他们一定常驻足在狮子、老虎、豹等大型猫科动物的栖息区，留意它们的爪子是否尖锐、聆听它们的吼叫声、观察它们如何跑步。电视上的动物频道如果播出这一类猛兽追捕猎物或雄性动物之间的残杀过程，即使惨不忍睹，男孩也总是看得目不转睛。

喜欢这些动物的男孩，会渴望了解谁的速度最快？谁的体力最强？谁

的耐力最好？它们的攻击武器和模式是什么？食物链的强弱关系是什么？总之，**“谁是强者？为什么强？”永远是寻求目标以投射英雄情结的男孩最关心的话题。然而，这往往也是一个最有力的探索未知世界的起点。**

在我们家的“小生物学家”钧钧身上，就能看到这个顺水推舟的历程。

钧钧除了和其他男孩一样，特爱大型猫科动物和海洋巨兽，也很喜欢研究植物。而他对植物产生兴趣的起点，其实也和“英雄强者”有关。

在偶然的机会里，他迷恋上了最凶猛的植物——食虫植物。这种动态植物的凶猛程度，让我不得不以“暴力花”相称，像是捕蝇草，只要一有昆虫碰到“触发毛”两三次，它就会在瞬间闭合捕捉叶，把体积不小的昆虫猛力夹至奄奄一息，惊人的英姿让小男孩无不拜服！

钧钧因此养遍了各类食虫植物，如捕蝇草、猪笼草、毛毡苔、瓶子草、土瓶草、食虫凤梨、白网纹，等等。在栽植观察的过程中，钧钧逐渐掌握了植物的诸多特性，观察的眼睛也从“英雄植物”扩展开来，试着去探索各种或有趣、或可爱、或挺拔、或清香、或奇特的植物。

可见生物的炫酷外观或威猛力量，一旦成为男孩的观察目标，就可能造就出一趟执著、丰富的研究之旅。

饲养宠物，让男孩体验生命之神奇

无论男孩是爱上动植物的可爱或怪异，还是炫酷或威猛，一旦男孩成为宠物的主人，在饲养的过程中，他们都能实实在在观察、感受到生命的奇妙变化。随着每天的喂食、清洗、与宠物互动，他们都能具体感受到自己的付出将逐渐转化为宠物可爱的姿态、无穷的活力与日渐壮大的身形。而当宠物活动力不佳或是生病时，男孩也会学着扮演保姆的角色，细心地照护这些脆弱的生命。

随着日复一日的陪伴、相处与照顾，男孩将和宠物之间建立起不可分割、无可取代的情感，也可以让男孩的心性更加柔软而富有爱心。大多数男孩对于他人的感受都比较迟钝、漠然，但我们不难发现，只要是喜爱动物、尤其是亲身照顾过宠物的男孩，待人都比较温和，也更拥有主动服务的精神。

陪钧钧逛爬宠店时，店里挤满了从小学到大学的各个年龄段的爬宠迷男孩。有三个高中生正聊着自己养的蜥蜴种类，我在一旁静静听着，才知道一口气养上四五种怪怪宠物的男孩还不在少数。其中一位养了变色龙、豹纹壁虎、鬣蜥和角蛙；另一位则愉快又温柔地把玩着他养的蛇，我实在忍不住好奇问道："养这么多，每天要轮流喂食、清洗，不会累吗？"

"不会啊！每天看它们吃饱、长大，很快乐啊！"

而养蛇的那位同学则温柔地抚触着手上的宠物，一脸欣慰又骄傲地说："它是我的心肝宝贝，我怎么会觉得烦呢？只怕它长不好呢！"

或许他们要是抱着一只小狗小猫，画面会更加协调可爱，但不可否认的是，我也确实感受到三个男孩对这些小怪兽的浓烈感情，就宛如一位慈爱的母亲身上所散发出的那种满满的温柔与爱！

钧钧的宠物园，也是他的生物教室

钧钧的宠物园里，有小仓鼠、蝾螈、椿象、娃娃鱼、豹纹壁虎……连蛤蛎他也要养一只！男孩就是这样喜欢观察生命，即使是再平凡不过的小生物，他们都能挖掘出意外的大发现！

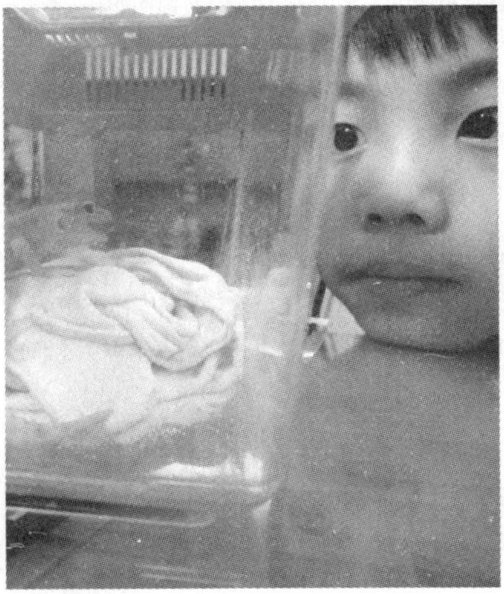

爱上动物，让男孩的感情更丰富

随着对动物的了解和相处，男孩将更能体验生命的奇妙变化、心性也变得更加柔软。这份喜爱也会延伸他们的想象，激发出各种可能的创作火花！

妙计51　跟随孩子的脚步，开启观察的慧眼

面对观察力敏锐的男孩，父母要做的事情很简单：跟着孩子的脚步走向大自然，他们会带领我们，让我们看见之前从未留意过的各种小生命、小物体。

他们一定会满脑子好奇地发问，这时千万记得要引导他们通往解答的路径——找书、上网、看影片。在这个增强背景知识的过程中，男孩会愈来愈乐在其中，因为他们已经从“随意看看”，慢慢发展出“结构性、推演性的观察与探究”。

到澎湖海边游玩时，总是细心察看周遭生态的钧钧，马上看到了一条条在地上匍匐生长的植物，他兴奋地大叫：“妈妈，你看！是马鞍藤！”

“你怎么知道是马鞍藤的呢？”

“书上有，你曾读给我听过！”

和孩子共读自然科学类的书籍，我往往在当下念得头头是道，但是过后就立刻忘掉。而孩子和我们迥然不同，他们会把新奇的事物听进心里，从而在无意间引燃了探索的爆点，从此建立足以受用一辈子的基础知识！钧钧不仅牢牢记得我念过的一字一句，还能在实物中仔细推敲、对应它们有趣的生物特性从而辨认出实物：

“妈妈，你看！为了对抗强大的风，这种海边的植物都长得低低的，每一节都有在地底下抓紧的根；而且真的就像你上次念给我听的，它们的花朵都很鲜艳，这样才能吸引昆虫过来授粉。”

我听完满脸惊奇，小小年纪的他怎么对生物结构有如此细腻的观察和领悟力？原来，孩子对有兴趣的事物，感受都特别敏锐，只要适当引领，他们甚至能分析得鞭辟入里。不过前提是——大人们要勤劳地跟着他们的小脚步往前迈进，这样不仅能跟着孩子重新学习，还有机会捕捉到他们满

脸疑惑的时刻，知道何时该伸出援手，为孩子延展更深刻的学习旅程。

妙计52 想养宠物前，先引导男孩搜集信息再做决定

男孩想要养宠物，尤其是“怪怪”宠物，是要依他还是不依呢？买一只爬宠或小生物，可不比买玩具，不想玩就放一边、用坏了就丢掉，而是要天天对这个生命尽全责。钧钧一度想买一只绿鬣蜥，而且声称宠物店刚好打折、他也存够了钱，所以每到周末就死缠烂打，逼我们带他去买。但一想到这只绿鬣蜥一两年后就会长到80厘米，我只有硬起心肠坚决反对！

在钧钧苦苦逼求、我们则拼命跟他打太极的这期间，我并不是完全无视钧钧的渴望，而是想办法满足他、让他多去亲近鬣蜥，同时希望他能多搜集一些信息再做决定。我建议钧钧可以成为动物园的“动物认养人”，以便有机会到动物园的后院，近距离观察、接触绿鬣蜥。

我们甚至利用暑假去了屏东的“野生动物收容中心”，向保育员讨教饲养的各种问题。

没想到，保育员可是大大反对！原因是绿鬣蜥成长迅速，两三年后就变得非常巨大，许多饲主因为家里没有空间安置，就随便放归到树林里；而属于外来种的绿鬣蜥是草食性动物，食量不小，因而成了破坏树林的罪魁祸首，也导致整个食物链受影响，对生态产生了不小的影响。钧钧听到这里，终于同意放弃饲养绿鬣蜥。

然而，这并没有浇灭钧钧的热情，只要一有空，他就请求我们带他到宠物店欣赏这些“宝贝”，看上一小时也不嫌累，而动物园的爬虫类馆也是他最佳的休闲去处之一。这些替代方式确实给了钧钧充分的满足，更重要的是，在动物园完整信息的引导下，钧钧也在不断地拓展知识，建立正

确的生态保育观念。现在只要是特殊外来种、长大后不适合饲养的宠物，钧钧都不再考虑。我想，这应该是这一场“饲养绿鬣蜥之争”带来的最大收获吧！

妙计53　观赏动物频道，借由实物实景启发阅读兴趣

喜欢珍禽异兽的男孩，绝对不要错过内容丰富、画面珍贵的动物频道，一些男孩无法亲自饲养在本地或平时观赏不到的动物，都会被完整搜罗在这些节目里。所以，我们家钧钧最期待的奖赏方式，就是可以收看动物频道，或是和妈妈共读《小牛顿》《国家地理杂志》及动物书刊。基于男孩喜爱探究真实知识、观赏写实影像的特性，他们都非常热爱这些频道中丰富动感的画面，此时若能针对他们喜爱的主题，进一步在阅读上给予指引建议，男孩就会很自然地延伸知识触角，乐此不疲地钻研下去。

妙计54　制订宠物饲养条约，让孩子自己对生命负责

喜爱动物的男孩终究会与适合他的“真命宝贝”相遇，我们阻绝不了他们想饲养宠物的强烈欲望。在各种条件都准予的前提下——不破坏生态、空间充足、时间允许、花钱不多，钧钧最后养了可爱逗趣的小仓鼠、寄居蟹、巴西龟，还有娃娃鱼。这些小动物确实不占空间，很适合在公寓里饲养，而且花费不高，又适合在台湾的气候环境下生存。然而一口气照料这么多的动物，可是耗时费神的工作，小小年纪的钧钧真能担起如此重责大任吗？

玩心重的男孩养起宠物，多半是一开始觉得新鲜，但没过多久，宠物的照顾、清洗和整理工作就全都落到爸爸妈妈肩上了。所以，在钧钧引进这些稀客之前，我就跟他白纸黑字立下了契约，包括喂食、清理宠物箱、

整理环境、清洗鱼缸、滤网、更换垫料等工作细则，都一一由钧钧写下契约，如果没有做到，就必须接受适当的处罚。

但是，年幼的他确实还不足以胜任一部分的照护工作，为了成全孩子体验生命的美意，我也在立约时承诺钧钧，会帮助他分担清洗鱼缸、宠物箱以及带他去购买饲料的工作，至于喂食、整理环境则由他自己全权负责。

基于亲子共同学习、共同享受饲养宠物乐趣的角度，我觉得帮这点儿小忙并不费事儿，反而让我也找到亲近小动物的机会。而钧钧也可以借此感受到爸爸妈妈的支持与参与，因为获得共鸣而更加激发探索生物知识的热忱，并愿意担负更多责任。

当然，如果父母觉得自己太过忙碌而无法分担，而年幼的孩子又无法全权负责，那么就应该让孩子清楚：等自己有了能力之后，才是付诸行动饲养宠物的时机。

教养手札

小蝌蚪的成年礼

——孩子都是喜欢亲近生命、珍视生命的

早上送钧钧去幼儿园时，看见好几个孩子兴奋地聚在教室前的小院子里，迟迟不肯进屋。咦？这几个孩子通常不是一大早都没精打采的吗？不是睡眼惺忪呆坐着，就是在爸妈转身离开那一瞬间喷泪大哭！怎么今天个个儿精神饱满，目光炯炯有神，粉嫩的小脸喜上眉梢，都变成了快乐小天使！

是啊！幼儿园今天真的有喜事了——宠物箱里的小蝌蚪，蜕变成一只可爱的、完整的、模样截然不同的小青蛙了！

校外教学时，幼儿园老师从农场带了几只小蝌蚪回来给孩子们养，因此在这两三周的时间里，观察、照顾小蝌蚪成了钧钧的生活重心之一，也成了园里孩子们讨论的最热烈的话题。每天钧钧都会很兴奋地向我报告小蝌蚪的生长情形：“妈妈，妈妈，小蝌蚪更黑更胖了！”“妈妈，小蝌蚪真的长出后腿了哦！”“妈妈，小蝌蚪尾巴开始变短了耶！”

这些备受呵护的小宝贝，平日各有不同的兴趣，而如今无论活泼或文静、大的或小的、爱哭或爱笑、小男生或小女生，目光全都会聚在了小蝌蚪身上，也因为有了这小生命的加入而有了交集。小手心总是朝上、嗷嗷待哺的孩子们，如今从接受者的角色反转过来，担起了付出与照顾的责任。

孩子的眼神随着小蝌蚪游动，流转着相同的惊奇与盼望，能在第一时间目睹小蝌蚪的成长变化，再稚嫩的孩子也难掩对生命的珍视，发出声声咏叹！ 在等待、担心、惊喜、欣慰等种种情绪起伏中，孩子们享受着甜蜜的负担，也体会到生命的奥妙。

小蝌蚪说长大就长大，一个晚上就“转大人”。一早，大家都发现箱里的小蝌蚪少了一只，高高的石头上却多了一只骄傲的小青蛙。湿滑新嫩的肌肤裹着怯怯的小身体，小青蛙四处观望着，不敢轻举妄动，特别惹人怜爱。

“没有水，它习惯吗？”

“它知不知道自己变了呢？”

“它会自己学着跳吗？”

“它要去哪里找食物呢？”

老师则说：“小朋友，它已经变成青蛙了哦，再让你们照看两三天，我们就要把它放生了哦！”

老师才说完，孩子们面面相觑，满脸不甘与不舍！ 这段日子，这些“小保姆”一点点观察、一丝丝付出、一日日相守，显然对小青蛙动了真感情啊！这一幕“小蝌蚪的成年礼”真是精彩有趣！

小青蛙的脱胎换骨固然引人关注，但真正感动我的，更是“小保姆”们的真情真意。**原来懵懂无知的孩子们，此时都能慎重地思虑着小青蛙的生命境遇；原来蹦蹦跳跳的小野兽们，都愿意无私无悔地付出；原来被电子产品、塑胶玩具团团包围的小皇帝、小公主，本心本性却也是那么喜爱亲近真实的生命！**

当他们亲身观察、感受到生物为生存所付出的种种辛苦和努力，从而体验生命演化的奥秘与奇迹，“与生命为伍”就不只是乐趣，而是对于各种生命体，都能付出友善、尊重、珍视与关爱之情。

关于这一点，我在钧钧身上明显地感受到了。钧钧一直是我们家的“小小绿手指”，他不但在家里亲手栽种植物，对于生活环境中的花花草草也乐于探索、观察。有时候，这个小小绿手指还会变成植物的“捍卫战士”，下了课在公园散步，要是看到同学随意摘花，他就会义愤填膺地出面阻止：“不要随便摘花啦！花会痛耶！”“摘光了，别人怎么看花呢？”……

只是这名“绿色战将”好像有点儿走火入魔了，连路边的小野花也不许别人摘！有两个小班的小女生经常到公园拔一堆紫色的幸运草扎成小花束，钧钧每次撞见，一定会上前说教。只是三岁小女生根本听不懂六岁哥哥说什么，钧钧愈看愈生气，小女生愈摘愈得意，双方往往僵持不下。

钧钧为何如此坚持，连野花也摘不得？六岁的他自己也说不清！不过，我最近可是找到了答案。前阵子，钧钧从嘉义二姑姑家的院子取了一小株芙蓉和布袋莲回来栽植。这两种水生植物的生存力、繁殖力都很强劲，又适逢春暖花开，两小株一下子就繁衍成两盆水生植物“小王国”。

我揣测着，这样一个夏天下来，我们家的水盆大概容不下它们的子子孙孙了。

“这么会长，小盆子不够用怎么办？”

“那就换大盆子啊！”钧钧回答。

“大盆子也不够用怎么办？”

“多买几个大盆子啊！”

“家里都放不下了，能不能丢掉一些呢？”我认真地问。

钧钧睁大眼睛，震惊地喊着：“我不要！它们正一点一点地生长，不能被丢掉！这样很残忍耶！”

一手养大水芙蓉、布袋莲的钧钧，亲眼看到它们享受阳光和在水中努力地长大，这个过程对六岁的他而言，不仅神奇无比，而且非常伟大，怎么能不好好守护呢？他不仅获得了栽种的乐趣，更深刻感受到一个生命奋发向上、努力生存的不易啊！

同样的，一朵小野花，也是从一小粒花苞绽放，甚至是从一颗小种子奋力挣扎着成长起来的，其间若有丝毫差池，也不可能长出这美丽的花，当然不能让它随便被摧毁啊！

对于钧钧珍视生命，且看重每一个生命体的心意，我真的感到非常欣慰！后来，我把钧钧挺身当起“护花使者”的例子说给孩子们听，同时也提到物种之间原本就存在着竞争厮杀、互相依存的食物链关系，生命的毁灭有时候就是它存在的价值。不知不觉中，我竟然讲到了中学时代的青蛙解剖课程：“或许科学家认定，那几只青蛙的存在价值就是提供给人类研究之用，让人类对世界物种、生命现象有更进一步的了解啊！”

三个孩子听完我的说辞纷纷摇头：“妈妈，你们当时要杀多少只青蛙啊？”

“三个人一组，一组解剖一只啊！全班女生抓青蛙还抓得哇哇叫！”

老大翔翔听完非常不以为然：“干吗要杀这么多只啊？以后我一定会跟老师说，全班杀一只就好，大家轮流观察不就行了？”

我听完也怔了一下！果然，孩子不但喜欢亲近生命，而且都是发自天性地珍视生命啊！

为什么男孩爱出力，总有用不完的体能

让好体能培养出好韧性

比起静心听讲、写作业，男孩大都觉得肢体运动更有趣，他们甚至要在大量运动过后，才能安定下来从事安静的工作。

热爱运动的男孩，也会因为长期接受耐烦的心智磨炼和成败洗礼，增加心理韧性，并借此活动大脑，提升智力与创造力。

在男孩眼里，生活中到处是“极限运动场”

男孩看待每一种环境、每一件物品的眼光都和大人不同，他们难以被常规制约，而是会依照自己的需要和兴致来重塑其价值和功能。家里一成不变的设备，在他们心血来潮时，往往就会被他们当成运动场或是运动工具：弹簧床在白天就不是床了，成了弹跳练习场；餐桌被当成了跳水板；橡皮筋加上一支笔，架在手掌间，就是射程极远的弹弓。也就是说，几乎所有的物品在小男孩眼中都可能变成为他们量身定做的“体能训练机”或是“特殊运动器材”。

我们家的三个孩子也发明过许多极度疯狂却饶富创意的体能活动。凯凯曾经把家里所有的铁筷子拿出来当飞镖，用纸箱的厚纸板当标靶，在家里玩兼具速度感与杀伤力的射飞镖游戏。没过多久，我就看到这小子盯着插满铁筷的纸板一脸骄傲，玩得不亦乐乎！

不过，这么危险的游戏实在让我心惊肉跳，生怕一不小心扫射到来往走动的家人。只是这个把戏在我看来也颇富创意，难以完全禁止，我于是要求凯凯把游戏场移到主卧室，将纸板靠在弹簧床旁边的墙面，再关起门来，这样射出去的筷子会掉在柔软的床上而不至于频频制造噪音，也不会破坏地板，更不必担心会击中家人。

即使是雨天，一方斗室一扇门也困不住出不了门的孩子！钧钧把双脚撑开，顶住房门的两侧门框，不到一分钟就攀上门框的最高点，然后用手掌在两旁撑住，双脚悬空晃荡着，再立即跳下，大呼过瘾。从此家里的门框都成了攀爬竞技场，他则如忍者般灵活地穿梭其中！

男孩最爱打架游戏，享受竞争与合作的快感

三个孩子无聊时最常玩的，也一样是所有小男生最爱的打架游戏！不是为了“争执”而打，而是为了“乐趣”而打。他们有时化身来自未来的变形金刚，连声音表情都自动机械化；有时又跳进三国的恩怨情仇，打起架来侠气万丈，用字遣词老气横秋；有时则变成钟爱的凶猛动物，动作吼声惟妙惟肖，仿佛躲进了猎豹、老虎、猩猩的躯壳中！无论男孩的戏法是什么，本质都是一样的，就是战斗、对抗、较劲、攻击……

每次看到孩子们“玩”打架，忍不住想跳出来制止时，我都会想起以前职场上一位很受敬重的总经理，他常在聊天时问我们：“家里有没有男孩？有的话，一定要让他们玩打架！我小时候最爱玩打架，这让我很有斗志！”

当时我还没有孩子，听到这句话感到很无语，如此德高望重的长辈怎么会鼓励我们这样教育孩子！但有了三个孩子之后，我才真正理解了他的说法。

第一，男孩生性就喜欢较量体能，期许自己的体能更为优越，而且会特别崇拜体魄强健、身手灵活者。

第二，男孩喜欢竞争、比赛，凡是有输赢、有挑战的活动，绝对能引发他们的兴趣。

第三，打架游戏这种肉搏翻滚、扭打成一团的活动，确实有着非凡的乐趣。没有攻击规则、伴随着出其不意的笑料和肢体的激烈碰触……不打不相识的男孩在这种玩乐性的打架中，能打出哥们儿之间独有的“情感”。

因此，我会不会让孩子们玩打架游戏？会！因为我知道一味地禁止，只是在跟他们强烈而执着的天性对抗。如果他们的行为转为地下进行，我不但难以监督，也无法掌握他们是否会受到伤害。所以，要玩打架可以，只要遵守我所提出的“规定”，确保这个游戏能在安全无虞的守则和环境下进行，我还是乐于让他们“打”个尽兴。

运动是男孩的生命，也可以强化身心韧性

男孩们粗野的攻击性游戏纵然合乎天性，但最理想的方式，当然还是让他们把粗犷的野性和充沛的体力发挥在运动竞技场上。

以色列的一所大学曾邀请649位社会背景较低的学童参与实验，其中一半的学生被安排参加篮球、足球或空手道运动，每周长达5小时，24周后发现，曾参与运动的学生的自制与自律能力都增加了，解决问题的能力也随之提高，男童原有的暴力倾向有降低的趋势。然而，同样的实验在女生身上造成的结果则不明显。

比起静下来听讲、写作业，甚至是人际交流，大多数男孩会觉得肢体运动更加有趣，他们甚至要在大量运动后才能安定下来，从事安静的工作。他们渴望感受自身体能的强大，这是相当重要的自信心指标。

也有研究显示，遭遇人生磨难时，男性的心理韧度普遍低于女性，但热爱运动的男性由于长期在运动场上接受艰苦的心志磨炼和胜败洗礼，反而大大提升了心理素质的强韧度。

近年来，我们发现运动能大幅提升智力与创造力，因为运动会让人氧气充足、头脑清楚、思考敏捷、大脑整体的运作灵活度明显增加。许多杰出的商业领袖、科学家都维持着良好的运动习惯，甚至本身就是体育选手，如1922年的诺贝尔物理奖得主尼尔斯·波尔（Niels Bohr），还是丹麦AB足球队的主力守门员呢！

在人生长路上奋战，最需要的基石就是强健的身心体质，并且保持积极进取、不轻言放弃的态度，面对兴衰起落都能平静以对，而这些训练都可以在运动竞技场上完成。

运动是男孩的生命，他们的身体与心灵因此强化，个性与命运也能得到改造。所以，好好利用各种机会，让家里的男孩快乐、开心地动起来吧！

妙计55　制订游戏规则，才能“打”得安全又尽兴

打架游戏是男孩的最爱，但也最难掌控、最容易擦枪走火，往往不是玩到真的有人受伤，就是从“假打”变成“真打”，结果不欢而散。因此我规定，要玩打架可以，但是：

第一，不准使用坚硬的武器，如棍棒等。

第二，不可以打头、胸、背。

第三，不可以在窗台活动。

第四，不可以用棉被蒙脸。

第五，请遵守时限（15分钟）。

第六，要在妈妈的监督下进行。

第七，既然要玩，不可以吵架生气。

每次三个小孩一转战到主卧室，我就按下计时器，在旁边当起纠察员，过于危险的肢体动作立刻被喊停，时间一到马上解散，违规者绝没有下一次！

妙计56 在运动场上，父亲是最好的榜样和带领者

在男孩成长的过程中，父亲将是引领他们爱上运动的启迪之钥。在西方，足球或棒球几乎是男孩与父亲之间最重要的交集，父亲在运动场上活跃的身影，是男孩心中最难抹灭的英雄印象，也是他们崇拜父亲的起点；而男孩站上球场时最想听见的，也是父亲双手拍到发红的热烈掌声和响彻云霄的加油声！

如果能充分参与到孩子的游戏与生活中，养育男孩的父亲绝对要比养育女孩的父亲更有活力、更能留住青春！双腿松垮的发福大叔，会忍不住想向儿子展现自己当年在足球场上的英姿；不再挥棒的笨重男人，会担心宝贝错过打棒球的乐趣而找回过往的狂热！如果说，有女儿的父亲在世上多了一个可爱的小情人，有儿子的父亲就得深深感恩，自己将因此多了一个欢乐的童年！

当然，运动的场地并不只有球场，父亲热衷的也可能不是球类运动，**无论是什么活动，只要能让父亲向男孩展现出“有力量”的形象，并且能引领男孩磨炼体力、消耗精力、锻炼耐力，都是理想的运动项目。**

我们家爸爸就是一个不爱打球、在运动场上也非明星，却能自成一格的运动导师，他可以骑铁马展现英姿、以悠闲步履陪孩子领略山林之美，

或是带领孩子动心忍性攻克崇山峻岭。的确也有很多男孩并不热衷激烈的竞技运动，这时就要引导他们用别的他喜欢的方式来锻炼身体，如跳绳、踢毽子、玩溜溜球、攀岩、游泳、跳舞、武术……都是不错的选择。

妙计57　带动家庭运动风气，让运动变得有趣

儿童运动学博士艾弗里·法根包姆（Avery Faigenbaum）表示，越早学习语言越容易上手，运动也是一样的。不过，孩子参与任何活动，都是以“好不好玩”作为判定标准，因此让运动变得有趣、好玩，是让孩子喜爱运动的关键。尤其对幼童来说，更是不能把运动当成单调的技能来学习，也不要太过目的性地逼迫孩子接受严格训练。

父母一定要自己带头，尝试用玩游戏的方式，让孩子在自然轻松的气氛下接触运动。如打羽毛球就是很容易上手的运动，父母只要勤快一点儿，根本不用请教练，就能全家总动员，在玩中学、学中玩，锻炼男孩的体力与灵活度。

此外，周末假日时，不妨全家总动员去运动场或运动中心，父母可以带头跑跑步、打打球、玩玩飞盘、散散步，或是游泳、健身、打桌球、打撞球……身处周遭浓厚、热烈的运动氛围中，孩子多接触就有机会多练习，一旦熟能生巧，他们对运动就更有信心，也会乐在其中。

我孩子一位同学的妈妈自己学气功，不仅气色变好了，体能也大大提升，于是就把全家人都带到道馆，周五晚上也成了全家一起打坐、练功的固定时段。而孩子不仅气血循环变佳，另一个意外收获则是过敏体质获得改善，读起书来也更加专注了！

妙计58 要让“宅小孩”外出运动，必须呼朋引伴、软硬兼施

孩子上了中高年级，常常会因为接触数码产品而变成“宅小孩”，宁愿窝在家里上网或看电视。不过，如果能有气味相投的伙伴，孩子出外运动的动力必定会增强，所以不妨多鼓励孩子邀约同学一起运动，或是主动帮孩子组织一个团队，甚至请来教练指导，让他们能够体验团体运动中竞争合作的乐趣。一旦孩子们变成了好朋友，形成了固定的小团队，也就会提高运动的意愿，而逐渐成为习惯。

对于“宅到底”的男孩，则必须软硬兼施，也就是用规定、奖励来驱使他把运动规划为例行生活事项，也就是除了做完功课，还必须达成一定的运动量，才能玩计算机或打电动。

进入青春期的男孩，非常在乎自己的高矮美丑，所以只要不断提醒他多运动才会长高、体格才会健壮，常常向他强调运动的重要性、分析不运动的坏处，他自然会产生想运动的意愿。

妙计59 忙于课业的孩子，也要善用课外时间锻炼体魄

进入高年级、初中之后，课业繁重，很多孩子往往白天晚上都坐在课桌椅前，但这时正是成长的关键期，因此一定要想尽办法，让孩子挤出时间多运动。

周一到周五没有补习的话，可以允许孩子放学后留在学校打三十分钟球；不爱打球的孩子，则可利用记点奖励的方式，要他们每天抽出二十分钟时间跳绳或跑步。喜爱打球的孩子，周末绝对要放行一个下午，让他们在球场上自由奔驰；不爱打球的孩子，则要帮他们找出感兴趣、能胜任的运动，像是周日上午游泳、周末傍晚全家一起慢跑。孩子一定要找出时间

活动筋骨，锻炼肌肉，才能有清楚的头脑、充分的体力来应付课业压力。

寒暑假更是孩子们可以好好运动的时候，父母要舍得让孩子先抛开文化课学习，好好学习一两项运动技能，这样不仅能锻炼体能，也可以拓展孩子的休闲生活，丰富他们的生活。

享受运动好时光，化身活力小太阳

运动是男孩的生命，他们的身体与心灵都会因此强化。不管是打球骑车拉单杠，或是跟着爸爸登山寻幽，就算是玩打架游戏也无妨，把握机会让男孩快乐、开心地动起来吧！

PART 3 管教与沟通

男孩学规矩 权威和引导都重要

好动爱冒险、急着挑战目标的男孩，更需要各种规矩来规范行为、与他人和谐互动。但太过专断的沟通方式也可能招致负面效应，恩威并施的管教方式、坦诚的对话沟通，再加上父母的以身作则、实时监督，才能让男孩卸下防卫心，懂得反省成长。

想要有效看管小皮猴，不妨试试照“猴”养

男孩必须知道、也渴望了解——什么是规矩

男孩如同猴群，当他们找到可服膺的权威，确认了老大的存在，也等于确认了环境的安全、生活的秩序、关系的和谐。

一份让他清楚界线、有约束力且充满威望、可信可靠的爱，才能造就出怀有敬畏之心、性格平和、不需索无度的男孩。

苦心教养的男孩，却往往被人大呼——没教养

养大三个孩子的我，很能了解家有男孩的妈妈心中的辛酸：在餐厅被服务生再三提醒，在排队的时候遭白眼，在公共场合忍不住河东狮吼，被左邻右舍误以为虐待孩童，等等。有时候真的觉得自己被逼成了“大野兽”，和这些“小野兽”困在一起缠斗个不停！

有一次，我们家的三个孩子在欣赏完把生活用具当成乐器来演奏的节目之后，也跃跃欲试地立刻搬出家里的大锅、小锅、平底锅如法炮制。在铿锵有力、变化多端的节奏里，我先是忍不住赞赏三位小公子的音乐天分

与学习动机，但是几分钟之后，他们自认是以“天分”奏出的“天籁”却成为震耳欲聋的噪声，突然激起我的危机意识——再这样敲下去恐怕会被邻居抗议吧？

邻居果然忍无可忍了，按响了我家的门铃：

“……你们家有三个男孩，真的非常‘不容易’，平常我们都很‘谅解’你们教养的辛苦，但是这一次，真的……够大声的！”听完邻居的抗议，我既羞愧又感激，但是邻居一走，我却忍不住笑了出来！楼下的这对新婚夫妇又怎能完全理解我的苦衷呢？

还有一次远赴台江看黑面琵鹭，因为排的队伍太长太挤，我们家有一个儿子在脚步纷乱挪移之际，不小心踩到一位老妇人的脚。对方痛得惊声尖叫，不分青红皂白就破口大骂：“你这孩子怎么这么粗鲁啊！没教养！”接着，又恶狠狠瞪着我：“你这妈妈是怎么教孩子的啊！”

我一听，心里非常生气，赶快让孩子向对方道歉，却也忍不住辩解：“实在很对不起，不过他还只是个孩子，真的不是故意的啊！”

男孩的创意足、怪点子多，常会冲动行事；男孩精力旺盛、控制力差，难免会粗手粗脚，这些特质加在一起，既可能上演精彩动作片，也可能一不小心搞出失态的闹剧，但结局往往都是惨烈的悲剧！想要引导男孩把旺盛的精力与怪点子转变成正面的战斗力和创造力，我们就要先搞明白是什么原因导致了男孩的这种行为模式，他们又需要什么引导才能表现出我们所期待的“规矩”和“教养”。

男孩天性不喜受管控，可能是出于雄性的生存本能

从中年级开始，我就看到孩子的健康教育课本里有这样的内容：任何职业选择、教养方法和沟通模式都不需再性别区分，一旦在这些层面上产生了“男女有别”的意识形态，就容易被贴上“两性不平等”甚或“男

尊女卑”的标签。

然而，若是从生物特性来看，雄性和雌性扮演的角色本不相同。在动物界，负责争夺地盘、保卫家园、出头露面跟敌人拼生死的多是雄性，因为它们都有执行这些工作的优越条件：雄狮有鬃毛、体形硕大；非洲公象的象牙较长，母象的象牙则较短；麋鹿也只有公鹿才有坚锐的角；而锹形虫、独角仙、螃蟹等多半是公的才有大角大螯。生物界尚且不能忽略雄性天生就有较佳体力、较强攻击力的本质，因而让两性各司其职、分工合作，更何况是人类？

所谓的性别平等教育，若是基于“男性与女性完全相同”，而主张要对两性一视同仁，真的是最符合现实情况吗？在疾呼两性平等的同时，合理地承认并顺应两性的天生存在的差别，是否才是合理的呢？

同样的，如果从雄性的生物本质来看待小男生的活泼好动，或许就能对他们生出更多理解与谅解。小男生老是跑跳不休、横冲直撞，成为麻烦制造者，这些不受控管的行为倾向，就演化的角度而论，或许都是天性使然，尽管这与强调文明纪律的现代社会稍有抵触。若是以外力压制并加诸道德教化，或许可以收效，但过程中必定会产生压制者与受压制者的冲突纷争，这段“驯化”的过程纵然艰辛，但似乎也无可避免。

如对男孩的生物天性有这样的基本认识，生养男孩的父母或许就更能抱着平常心来看待这些调皮蛋、怪胎、小恶魔；生养女孩的爸妈也不至于总是以睥睨的眼光看待好动的小男孩，甚至不明就里妄下定论：一定是教养不好，才会有这么顽劣的孩子！

一份恩威并施的爱，才能收服小皮猴的心

我曾看过一个短片“Monkey taunts tigers”（猴子逗老虎），片中身手矫健的长臂猿在树林里自由自在地生活着，一天看到凶猛的老虎侵入了

自己的地盘而心生不爽，于是凭借自己敏捷的身手时不时地迅速揪一下老虎的耳朵，任凭老虎如何凶残都来不及防备。

屡屡得手的长臂猿愈加放肆，不断跳下来揪老虎耳朵、拉老虎尾巴，终于乐极生悲，忽然从细树枝上摔了下来！就在这千钧一发之际，它还是抓住一节粗树枝回到了树上。虽然差点儿就被恶虎扑倒，但这只狡黠的皮猴还是立刻又跳了下来，更使劲地抓了一把老虎的尾巴。老虎火冒三丈，却拿这皮猴完全没辙！

小男孩的大胆顽劣，几乎跟“敢在老虎头上动土”的长臂猿不相上下。其实要想改变孩子的顽劣行为，我们必须明白以下几点：

他们需要知道谁是王（决定要听谁的）；他们喜欢阶级（组织化）；他们需要明确的规则；他们需要教训与恫吓；他们不能失去和同侪游戏嬉闹的乐趣，也不能缺少母性的拥抱！

孩子小的时候，父母自然而然高高在上，我们高大的身形就是他们的眼界与世界，所以我们是他们的典范、是他们的模仿对象，不仅要身教，更需要好好地管教。尤其是男孩，他们对服膺权威的需求，绝对不亚于对爱的需求。也可以说，若要给予男孩完整的爱，这份爱必须是一份让他能感受到威望，能清楚知道界限，并且值得尊敬与信赖的爱。

当将一份毫无节制、没有约束力的爱加诸在男孩身上时，他们反而会因骨子里蠢蠢欲动的试探欲望，让自己在危险中散漫冲撞，引发混乱与伤害，从而变得无所适从、惶惶不安。

男孩就如同猴群，当他们确认了老大的存在，才等于确认了环境的安全、生活的秩序、关系的和谐，他们的行为才有可能收敛，从而慢慢成熟。因此教养男孩的完美前提，就是要让他们的生命中拥有一位兼具爱与威望的“长老”，让他们从心里尊崇、服膺，而在其引导下从混乱走向常规，这样才能造就心怀敬畏、性格平和、不需索无度的男孩。

孩子愈小，父母愈要及早树立权威榜样

孩子愈小，父母愈容易向他们表露爱意，也愈容易展现权威，此时，孩子不仅需要与我们建立绵密、深厚的爱的联结，更需要以父母的权威作为他们行事的警灯。而懵懂的孩子似乎天生就会对我们伟岸的形象产生敬畏之心，更害怕失去我们的关爱，当我们显得淡漠冷酷或是斥责训勉孩子时，必定会对幼小的孩子产生影响，这是一份必须适度运用的管教力量。

因此，我们树立权威的最佳时机，就是当孩子仍然怀有一颗纯净的可塑之心并且对父母仍然依恋颇深的时候。当我们在孩子心中树立了威望，才有可能把正确的道德规范灌输给他们，让他们铭记在心。**当孩子的身形逐渐抽高、超越我们时，意味着上对下的关系已经瓦解，他们对爱的依恋也会从父母身上转移到同侪或恋人身上。我们不再是孩子唯一、主要的爱的来源的时候，想要树立权威就十分难了，亲子关系也必须改为尊重与放手。**

只不过，面对年幼的孩子，父母由于教养经验还不够充足，孩子弱小的身躯往往会使我们不自觉地滥用、误用权威，或是刚好反过来，舍不得行使权威！有些父母担心破坏亲子关系，根本不敢对孩子正当、合理地行使管教权；有些父母则是即使鞭打、怒斥，也无法让孩子真正心服口服。如何有效地建立权威，且不滥用威权？掌握以下的原则，是每个父母都应该谨记、学习的基本课题。

妙计60 男孩不爱被训话但善于模仿，要言传身教

男孩理解语言、设想情境的能力较薄弱，又不爱被训话，苦口婆心对他们说教，往往会适得其反。所以，对男孩除了要以简明扼要的方式讲道

理外，最重要的是要让他们经常、不断地看到父母好的、正确的作为，让他们眼见为凭，并从心里服膺敬重，继而仿效。

比起女孩，男孩模仿能力更强，所以我们应该利用这个特质，在他们面前做个好榜样。男孩喜欢挑战权威，如果说教者本身无法以身作则树立威信，反而会引发他们的叛逆心态。例如，要求孩子有礼貌、不抱怨，做父母的是否也能做到三思而后言，还是动不动就抱怨连连？要求孩子谨守看电视与上网的时间，做父母的是否也能率先关机，不沉迷于网络？要求孩子早睡早起，做父母的是否三更半夜都还睁着眼睛当夜猫子？

孩子一直都在复制父母的一切，例如，我们的生活习惯、言语思想、价值观念、行为模式，他们未来的雏形早已从我们的身上生根萌芽。因此，我们更应该以良善、健康、正向的行为与态度，引领他们朝正确的方向蜕变成长。

妙计61　管教标准要统一，才能深化权威感

我们为孩子定下的行事原则，应该是放诸四海皆准，不会因为管教者不同、地点不同、事件不同而有所差异。也就是无论管教的人是父母，还是祖父母或保姆，都应该沿用相同的约束标准；在家或出门在外都要遵守既定的家规；犯了错误就要接受相应的惩罚。

有一次，我妈妈来家里做客，才刚吃饱饭，她老人家就一声不响地在厨房洗起碗来。我一时没有察觉，直到听见搓揉冲洗筷子的声音，才惊觉孩子们怎么还在客厅里无动于衷，立刻跑去阻止老妈。我告诉她，这是孩子们的工作，一旦破例了，以后只要她一来，孩子就会想偷懒。

虽然老妈认为自己疼孙子，洗几个碗也无关紧要，但孩子好不容易养成做家事的责任感却可能因此松动，甚至连其他的家规或应负的责任都会

面临挑战，所以我坚决而温和地请求妈妈不要抢着做，这样才能真正帮助我把持住管教的界限。

此外，当孩子犯错时，除了给予一点儿合理的通融空间，父母绝不能随着心情而改变处置的方式，破坏原本订下的约定。这样只会减损父母的权威感，很难不让孩子骑到我们的头上来！例如，现在的孩子都喜欢上网打电动，父母只能用事先约定的时限来约束孩子，但有些父母往往会因为自己也无法离手，而自动松绑了使用规定，无法严守一致的管教原则。这样不但无法让孩子养成纪律，反而会让他们目无法纪甚至蔑视父母的权威。

在孩子12岁之前，我们要提醒自己以身作则，在为孩子示范行事步骤与准则时，不需要和他们一来一往讨价还价。因为我们是在行使父母的正当教导权，只需要明确地告诉他们该怎么做，而不需要频频征询孩子的意见。**秉持“事前约法三章，事后不轻易妥协”的坚定意志，在一次又一次深化父母权威的同时，我们不仅能教导男孩尊敬父母、重视纪律，更能培养他们正确的价值观，形成良好的处世习惯。**

妙计62　规范要明确清楚，让男孩易于遵守

男孩的血液里流淌着冲撞与挑战的因子，所以更需要规范界限与随时随地的叮咛管教，否则他们将如同地热岩浆，永远在寻找可以喷发的出口，只要规定有漏洞、防守不够坚实，很快就会从模糊地带突破而出。

没有一个男孩喜欢纪律、规矩，但他们又非常需要纪律与规矩来稳固自己。父母订下的规范就如同保护着男孩的地壳，在地壳的坚实防护下，地球内部尚能保有炽热旺盛的流动能量，即使这些能量始终有着对抗地心

引力的倾向，也不致破坏地球的和谐稳定。

例如，男孩多半都喜欢竞赛性的活动或球类运动，他们在享受豪迈战斗、夺取胜利滋味的同时，也愿意去服从竞赛的规定与约束，这是因为运动比赛的规则逻辑简单、清楚易懂，规则虽然十分严格但是很公平。同时，经验法则也让他们深深体会到，选手们愈是骁勇善战、激烈竞争，场上的人就更要恪遵规则，只有这样，才能在全力以赴中享受竞赛的乐趣，否则只会陷入不可收拾的争吵与混乱。

将球场上的管理技术移植到生活层面，男孩就变得很好管教。能让男孩有效服从的规范，重点就在于：简单清楚、容易遵守、赏罚分明、公平公正。

一旦他们认识到在一定的规范下，自己的充沛精力将能带来正向的成果与益处，必然会认同规范的权威，也乐于遵守，甚至比女孩更加依赖清楚、有效的规定与指令。

怎么说、怎么教，男孩才会乖乖守规矩

丢掉“不能、不可以”，直接下解决式指令

小男孩比起小女孩，更容易接受组织化、规则化的行动模式。小男孩在懵懵懂懂的12岁之前，真的更需要黑白分明的规定，以让他们能知道行动的规范与步骤。与其留下想象空间和他们讨论，等着他们自个儿想通进而自律，不如趁着他们心性柔软时，帮助他们养成好习惯！

管教男孩，先从“铁的纪律”做起

既然男孩渴望获得权威的指引，在给予男孩循循善诱的“爱的教育”之前，我们或许更应该让他们先服膺于“铁的纪律”。

面对年纪还小的男孩，我们要固守“老大”的身份，成为他们尊重的权威，不容他们随意挑衅；我们要坚持每一件事情、每一个情境、每一项任务所应执行的流程与规范，绝不能轻易妥协。

幼小的身心柔嫩至极，是最佳的塑造时机，而小男孩比起小女孩，更容易接受组织化、规范化的行动模式。这也是为什么男孩更热爱规则清楚的竞赛与游戏。在组成群体后，男孩的团体也会自然而然衍生出领导者和

各具功能的角色以及团体共有的默契与准则，将行为模式有效制度化！

小男孩在懵懵懂懂的成长初期，也就是12岁之前，真的更需要黑白分明的规定、强而有力的“他律”，以让他们能明白行动的指示与步骤，趁着他们的心性柔软时，养成好习惯！

不要认为这么做是残忍的事情，孩子的身心线条需要持续不断的修剪与锻炼，并浇灌以爱与道德的养分。

当他们能从他律变为自律，将规范内化成人格的一部分，并以坚实的价值观作为人生之路的向导，他们终将感激我们的付出！

而有效的“他律”，通常都需要适当的语言表达和引导方式，才能让男孩深植心中，养成稳固的行为模式。虽然很多男孩最让大人头痛的问题就是“怎么讲也不听”，但其实只要拐个弯儿，真正“搔到痒处”，用男孩习惯接受、容易理解的方式来说、来教，就能发挥事半功倍的行为引导效果。

妙计63　直接把规定置入大脑，内化为自觉行为

基于男孩渴求组织化、秩序化的倾向，我们一定要为他们制订一套合情合理的家规，在衣食住行各方面都有明确的规定，并且利用各种机会向他们持续传达这些规矩的意义所在，对自己、对家人、对他人有什么益处？不遵守又会造成什么不良的后果？同时也要让他们清楚，不遵守时会有什么样的处置方式？

一个很有教养头脑的朋友，曾向我推荐一个好方法。

他把家规用白纸黑字写清楚，每周花一小段时间让孩子从头到尾念一次，暑假期间更是天天提点。每当孩子受罚时，他也会要求孩子把相关规定反复念诵。经过长时间的坚持，这种背诵洗脑的模式竟然发挥出惊人效

果，很多规矩已根深蒂固地烙印在孩子的脑海里，成为了他惯有的思考模式以及待人处事的自觉行为。

这样的管教方式特别适合男孩，因为男孩容易冲动行事，鲜少花心思去琢磨别人的感受，把规定直接置入他们的大脑后，在面临每个情境时，这些清晰的准则就会不费吹灰之力地立刻从脑海里跳出来，时间长了就慢慢演化成了孩子的行为习惯。

愈小的男孩愈不能放任他们不守规矩的行动，尤其是在第一次发生状况的时候就一定要让孩子明白以后再遇到类似的情况该怎么办。这种先入为主的导引，一定比日后发现问题才来修正、开导要有效得多。例如，客人来访时，第一要开门问好；第二要帮忙拿拖鞋、导引入座；第三要帮忙倒茶端茶，请客人用茶。入学前，要预先教导他上课要端正坐好、专心听讲，不能玩耍。在各种状况发生前，先教导正确的观念、提示行事的步骤，同时预测突发的情境，防止男孩可能的捣乱行为，这样的管教既有及时的临场效果，也有助于深化孩子的行为习惯。

妙计64　应该说“要怎样”，不要说“不可以这样”

柯华葳教授曾在《亲子天下》杂志写过一篇很有意思的文章，标题是《有水，就跨过去！》。这句话，真是让我觉得分外熟悉！在淫雨霏霏的天气里，当三个儿子老是把路上的水洼当成戏水池互相挑衅时，这分明就是我的招牌台词——而且是不断实验、修正之后才定案的台词。就是这一句“有水，就跨过去！”才能有效遏止小男生天生的条件反射——看到水洼就要踩，而且要踩到水花四溅才够爽！

一“路”走来，我屡试不爽。每当看到不远处有个水洼，我就好心警告儿子：“不要踩水！”话才落定，我必定会听到一声清脆的踩水声。要是水洼又大又深，我惊声尖叫般的“不要踩水！”更是会鼓动他们来上一次动作更大、更刺激的踩水实验！

每次我在雨天领着儿子走路时真正是如履薄冰，总是一面仔细侦查水洼，一面全力防止溅水惨案发生。然而，“不要踩水！”“你再踩水给我试试看！”“跟你说不要踩水，你听不懂吗？”这些话语喊来骂去，任凭声调多高昂、语气多严厉，真的是一点儿用处都没有！

一直到我换了提醒的方式，踩水洼事件才告一段落，雨天行走也变得轻松自在！我的提醒方式变成了这样：

“有水，就跨过去！”或是“有水哦，请绕过去！”

一听我这样说，小子们就像是被催眠了似的，严格执行着我的提醒。这种直接的“解决式”指令果真奏效，调皮蛋男孩的脑袋连一丁点儿促狭的意念都还来不及滋生，就自动归顺于这干净、利落的指令了。

就如同柯华葳教授所言：“两种传达方式的不同在于，前者是告诉学生‘不’，学生不知道怎么做才是‘是’；而后者说‘跳过去’，学生因为知道要怎么做，就做出来了。”

而另一个理由我觉得更重要，研究两性的心理学家曾在实验中发现：男性（孩）的听力普遍不如女性（孩），所以冗长的指令、间接的信息通常都被男孩们听得支离破碎。

当“不要踩水”这种转了个弯儿的否定语句传进男孩的耳朵里、再传到大脑进行译码时，就只剩下关键的两个字——“踩水”，他们还来不及思考“要”还是“不要”，大脑就填满了这两个字的声音，结果就只有“踩水”的信息发挥了功效。而且，妈妈喊得愈大声，他们踩得就越用力，其他字词则在大脑译码的过程中自动消失了！

妙计65　正面、简明、有执行步骤的指令，男孩才会照着做

对于孩子解读信息的方式，尤其是男孩，我自己的经验是：正面、直接、简短、具有解决功能的指令，效果更好，不致事倍功半。例如，对于做功课拖拖拉拉又三心二意的孩子，与其跟他说：“写功课不要拖拖拉拉！”“复习功课时不要玩这玩那的！”不如说：“请专心写功课！”甚至更清楚地规定：“请在30分钟之内写完！”然后按下计时器走人。

面对房间像狗窝一样脏乱的孩子，如果你大声咆哮：“为什么把房间搞得像狗窝一样？”狗窝不但不会复原，还会继续恶化成猪窝！

这时，不如严正、认真地看着他的双眼说：“请你10分钟之内把房间收拾整齐！”

进一步来说，如果这个过程很复杂，像是床上的棉被没有叠好，书本散落一地，书桌上有一堆玩具，只有一句“10分钟内让房间变整齐”是一点儿用也没有的，脑筋凌乱的男孩甚至会慌了手脚，因为他的脑袋里还是没办法立刻跳出执行步骤！你只会看到一个盯着床、望着地板、再摸摸书桌，最后把房间愈弄愈乱的小子，因为他根本不知道从何下手啊！

这时，不如帮助他把大指令分解成一个一个的小指令吧：

“请先把棉被叠好！”

“再把地板上的书本、考卷捡起来！”

“接着，把书本、作业本和考卷分类放好！”

“最后，把玩具、零食移开！”

……

我们在教养孩子时，往往会忘记修饰言语，尤其是孩子常见的老问题，我们更会忽略自己传达的信息是不是有瑕疵。如果始终不见成效，不妨多思考一下，我们是不是经常着眼于“不”：不能这样，不可以那样，你再怎样就给我小心点儿……

这种否定的表达模式，通常只是让“说者”发泄了不满情绪，却无助于“听者”解决问题。在情绪发泄之后呢？孩子还是因循苟且，我们也只有继续咆哮。现在就来想想，有哪些信息需要转变呢？让我们针对孩子的问题，重新提出正面、清楚、有效、可执行的“怎样做”的行动方案吧！

男孩真是不打不成器？体罚能取得良好的教养效果吗

体罚只能是提醒的警灯，不能是教养的常态

10岁之前，只要持续巩固男孩正确的价值观、参与他们的生活，当孩子进入青春期，就无须再执起鞭杖，而能渐渐尝到教养的善果了。

如果真有必要以体罚来提醒孩子，父母也要谨慎执行，才能让孩子真正明白自己为什么错了，要如何改正。

不是每个孩子都需要体罚、适合体罚

在我分享教养心得时，有人会直接问我："你体罚吗？"是的，我曾经体罚过孩子。只是我的三个孩子个性截然不同，挑战我的部分与方式也很不一样，体罚未必都有效果，并且施予体罚之后也未必都会产生负面效应。

比如，老大翔翔好奇心特强、经常冲动行事，不把规定放在眼里，在他上头又没有哥哥作为仿效的榜样，如果从小就放任他自由行事，最后他必定会我行我素，所以在非常时刻以家法威吓，往往能立即制伏他的躁动，让他恢复安静，懂得节制！

而老二凯凯，则是非常害怕体罚，往往我还没拿出家法他就已经逃之夭夭。如果真的被体罚了，他则会恶狠狠地瞪着我们，心中充满愤怒。凯凯自律性较高、自尊心很强，体罚是否会对他造成心理上的阴影和怨恨，对此我十分谨慎。

至于老三钧钧，从小耳濡目染两个哥哥被管教的各种经验，是非对错早已了然于心，因此特别乖巧、机灵又贴心，很少犯大错，更懂得如何避免激怒父母、挑起争端。

可见，每个孩子的性格不同，受家庭教育影响的效果也有所差异，如果径直主张一定要体罚，或坚持不体罚，都不见得能让孩子理解自己错误的行为举止应该要如何修正。所以，体罚或不体罚，始终是一个值得父母深思的教养问题。

10岁之前，男孩需要制约训练来规范行为

孩子在10岁之前，特别是男孩，设身处地为他人着想的能力相当低，行事思维容易受情绪冲动所主宰，所以必须借助清楚、有力的“他律”来管束。这也是我为什么认同在10岁之前可以将适度体罚作为管教方法的主要原因。

《养男育女调不同》的作者利奥纳德·萨克斯（Leonard Sax）曾指出，小女孩很早就能针对特定情境，站在别人的立场来思考问题，教导者只要据此进行道德劝说，就能达到良好的教化效果。这是因为女孩天生就注重人际和谐，使用角色对调的假想方式，就能让女孩生出懊悔与同情之心，也比男孩更能明了道德的意义，所以对小女孩不宜贸然施予体罚。

然而，小男孩的痛觉比较迟钝，对于伤害的忍受度高过女孩，因此并不能完全感觉到受害者的痛楚；再者，男孩不是很在乎人际的和谐度，他人的厌恶感也较难成为有效的警戒线。小男孩冲动的个性，只有在屡尝恶

果、经一事长一智之后，才能有所节制、收敛。

比如学龄前，当强烈的好奇心不断迸发，男孩会不顾安全、不计后果地玩插头、玩火、玩各种危险游戏，而我马上就会加以体罚、给予当头棒喝，让他们立刻清醒，知道哪些行为是完全不被允许、绝对不可再犯的。事后，我会再利用各种实际例证或新闻事件，让他们明白我对他们那些举动反应为何会如此强烈。

教养男孩的父母都知道，男孩确实会在意想不到的时刻，做出各种危险举措，口头上斥责与批评根本不足以威吓他们。就像训练小猫小狗，小男孩有时真的需要“制约训练”，让他们把不当行为与痛苦威吓做直觉的联系，在他们还不解事理的年幼时期，以生理的制约反应防止他们造成不可逆的危险后果。

淡漠的亲子关系，比体罚更能造成负面影响

如果在10岁之前，我们没有及早在孩子心中树立权威榜样，等孩子大了，自我意识也成熟了之后，体罚的作用将只有伤害，容易激起孩子的反叛与仇恨心理，完全达不到教养的目的。因此，10岁之后完全不适合体罚。而10岁之后的孩子会变成什么样，决定于10岁之前是否接收到足够的爱、亲子之间是否建立起亲密的情感联结以及父母是否曾坚持不懈地给予管教。

很多人关注体罚是否会对孩子造成的身心伤害，但我想更该关注的是，父母平日对孩子生活的投入程度、参与多寡以及和孩子相处的质量，与体罚之间所形成的联动关系。

很少参与孩子生活以及与孩子关系淡薄的父母，即使从未体罚过孩子，对孩子的教养效果，也未必会胜过平时能用心与孩子相处但在孩子有不良行为时适度体罚的父母。

从来不曾体罚，但长期对孩子比较淡漠或是宠溺放纵的父母，对孩子造成的伤害，也可能多过始终关心着孩子但偶尔会处罚失当的父母。

鲜少对孩子累积“爱的存款”的父母，根本没有任何资本可以提取；而不断对孩子储蓄“爱的存款”，在日常生活中一点一滴地与孩子建立亲密联盟的父母，偶尔过度处罚，也不致造成严重后果。当然，体罚必须适当、适量、适性，体罚要是行使过头，绝对不利于亲子关系和谐发展。

10岁之后，男孩需要角色模板来学习模仿

当孩子日渐长大，身高、体格都高壮于我们时，就代表我们再也不能体罚孩子了。这时他们的内心已随成长的身躯萌发自我意识，对自己的身体有主宰、保护的权利，并且逐渐明白事理、懂得察言观色，能掌握抽象的人际氛围。

此时，他们需要建立自我形象，体罚恐怕只会破坏他们宝贵的尊严，令他们自暴自弃。男孩需要有一个健康正向的角色模板，供他们学习模仿。他们喜欢自我思考而非接受别人的唠叨，实际上他们也听不进重复的说教了。只要他们认同，他们就愿意仿效，而且能通过日益觉醒的抽象思考能力，迈入自我了解、自我教育的阶段。也唯有发自内心、自动建立起的是非善恶的观念，男孩才能有效地管束好自己的行为举止。

总而言之，在10岁之前，只要我们持续不懈地在男孩心中巩固各种正确的价值观，关心他们的需要、参与他们的生活，使用爱的语言，不间断地投入爱的存款，当孩子进入青春期时，也就无须执起鞭杖，反而能渐渐尝到教养的善果，即使是青春期过后，也能收益良多。如果真的有必要通过惩罚的方式来提醒孩子注意自己的某些行为，父母也得谨慎地执行，这样才能让孩子理解父母的用意，从而愿意真心地反省和改正自己的过错。

妙计66　除了体罚，还有很多惩戒的方法

管教孩子时，体罚往往是最后才考虑的选择。之所以会动用体罚，无非是要惩罚孩子莽撞和脱序的行为，但只要在可行范围内，还是要优先考量其他不具伤害性的处罚方式。

例如，要及时制止孩子的过度冲撞，可以先让孩子离开现场，请他在安全的角落休息，或是准备一张“休息椅”，让他坐下来冷却情绪；请孩子面壁思过、静坐读经，也是效果极佳的方法。如果真的想让孩子以身体承受不适之感来吸取教训，也可以通过体力劳动来惩罚他们。

妙计67　不同性格的孩子，也要因材施“罚”

个性敏感、自尊心强烈的孩子：要委婉说理，避免体罚或当众责骂

个性敏感、自尊心强烈的孩子，特别不适合体罚、当众责骂、直指错误，而且还要避免使用贬损自尊的言语。比如我们家凯凯，对自己的表现与能力很有信心，确实也能将生活与学业管理得井井有条，但愈是自我要求高的孩子，自尊心愈强，愈是不能接受别人强烈的指控，对粗暴的处罚也容易记恨在心。

当这类孩子犯错时，要将他带到隔离的空间，以间接、委婉的方式跟他讲道理，最好用说故事、举例子的方法来提点他，尤其要避免把自己的怒气发泄在他们身上，因为自律性高的他们最终只会记得父母不当的粗暴行动，从而在心中留下阴影。

善体人意、温柔贴心的孩子：指引他将心比心，就能顺势导正

我们家的小儿子钧钧，犯错时最在乎的就是伤害了别人的感情，尤其怕伤了妈妈或爸爸的心。对于这类善体人意、孝顺贴心的孩子，只要引导他站在对方的立场、站在父母善意的出发点来思考，就能轻而易举地导正

他的行为。

二年级下学期快结束时，钧钧发生了一场小车祸。下午放学时，他一时兴起，吆喝同学脱离有爱心导护的队伍，结果才踏出几步，就被机车撞倒，在地上连滚了两圈，勉强站起来时，发现自己的脚踝肌肉撕裂、膝盖挫伤。这个意外让我吓出一身冷汗，赶到医院时，虽然在班主任和老师面前力持镇定，但真的快要忍不住落泪了。

我告诉钧钧："因为妈妈很爱你，所以看你受伤好难过，以后要不要遵守交通规则？"钧钧用力地点点头，他知道妈妈爱他才会伤心，因为他也非常爱妈妈，所以不忍再让我担心、伤心。从此，钧钧再也不曾犯过类似的错误，甚至面临其他危险的情境，也比较会顾虑到安全问题。

个性大大咧咧、率性随意的孩子：以他们最在乎的事情作为制衡条件

至于个性大大咧咧的翔翔，即使不断耳提面命，依旧是小状况不断。有时严厉的训斥虽能如当头棒喝，让他突然大梦初醒，但效果也仅能维持短短几天。体罚、威吓或许能派上用场，但说实在的，这类孩子因为满不在乎，所以特别不怕皮肉之痛，耳朵的承受力也特别强，父母的训斥往往就像一阵风，左耳进、右耳出，或是根本没有听进去。

找到他们真正在乎的事情作为制衡的条件，将是最有效果的处罚。翔翔迷上魔术的那一阵子，每天都要把玩扑克牌练手法，所以最在乎的就是扑克牌被我"保管"，只要订下这个条件，他就像多长了一只耳朵，什么规矩都听得清清楚楚，绝对乖巧服从。

妙计68 别把"凶器"当"家法"，要维护处罚的庄严性

体罚在现今之所以被大举反对，多半是因为采取体罚的父母，往往在情绪失控下，让体罚沦为发泄己怒的管道；而爱之深、责之切的结果则是

下手过重、用力过猛，或在气急败坏之际使用了不当的工具，给孩子的身心带来了严重的伤害。

因此，皮带、衣架、粗的棍棒绝对不能被当作处罚工具，因为这些物品有各自的用途，当我们随意拿起来时，这个举动本身就已经亵渎了“处罚”的庄严性。再者，这些工具的设计原本就不是作为体罚之用，极易造成具有危险性的伤害。不如把所有可能成为“凶器”而非“家法”的物品，全数撤离教养现场，绝不要放在随手可得的地方。如果深知自己急切的个性很难控制得宜，绝对要善用其他的处罚方式来取代，以杜绝体罚可能导致的不良效应。

妙计69　真要体罚，可以选择“爱心小手”

如果真要体罚男孩，“爱心小手”是最佳的选择，因为打手心、打屁股都非常疼，但不会伤及筋骨；而且“爱心小手”的造型就是一只训诲的手，孩子能够明确知道他是被处罚，而不是被欺凌。此外，这只“爱心小手”也要被放在一个神圣、固定、不容易拿取的地方，这意味着体罚是一种庄严、审慎的举动，只有在非常状况下才会使用。这也能让孩子了解，当我们必须走到这个放置“家法”的地点时，是经过了审慎思考而非冲动行事。

使用“爱心小手”时，一定只能打手心、打屁股，而且要根据平日立下的规范律条，该打几下就是几下，绝对不能意气用事多打、滥打，这样才能真正让男孩心服口服。

男孩虽然服膺权威，但绝对反抗无理的强权，毫无节制的体罚就像过度使用抗生素，只会造就不在乎任何制裁又充满愤怒仇恨的叛逆男孩。

教养手札

打孩子，绝对不要在人前打

——保护好孩子的自尊，他才会尊重自己

有机会坐出租车时，我通常会和司机聊聊天，而我最喜欢聊的就是教养问题。短短二三十分钟的路程，却可以让我从中了解男性的教养方式与哲学。

有一次，赶往电台接受新书访谈的路上，我坐上了一辆七旬老翁的车，这位白发苍苍却老当益壮的司机，说起话来精神抖擞、笑容满面，完全感觉不到入行几十年的疲态，就像第一天开车似的，非常带劲。我当然好奇，这样一位年事已高的老人家为什么还要辛苦工作。

“没事做啊！ 这样比较好过日子嘛。我儿媳妇一天只准我开五个小时，因为怕我坐太久伤身体！”细问之下，才知道他有三个孩子，两个哈佛大学毕业，一个麻省理工学院毕业，听他一路辛苦栽培孩子的过程，真是既感动又佩服。 而当他提到自己的三个孩子也都是“儿子”时，我的眼睛顿时一亮，迫不及待想跟眼前这位成功的教养“前辈”取经学习。

不过他一开口，我就差点儿把刚刚喝的咖啡喷出来。

“我不相信‘爱的教育’！”老翁斩钉截铁地说。

“所以你会打孩子？”

“当然！ 我是军人出身，对孩子的要求很严格，尤其我生的都是男孩，一定要从小把他们引上正途，养成好的品行道德，男生不能不好好管教啊！”

生养了三个男孩的我，十几年来深刻感受到男孩喜欢挑战、顽皮不驯的本性，对老翁所说的“男孩要严格管教”深表赞同。只是他劈头就来一句“不相信爱的教育”，还是让我充满迟疑。

他继续补充：**“我打孩子有两个原则，第一，绝对不在别人面前打；第二，打品德，不打成绩。”**

他解释，小孩子书读不好，或许和兴趣、资质有关，未必是孩子的错；但是品格不好，做事不认真、不尽责、不守规矩，就一定要纠正，而且绝对要纠正。然而无论如何，他都会把孩子带到没有人的地方来处罚；如果在家，他则会把孩子带到房间，关上房门再处罚。

一对一、面对面，旁边没有别人时，孩子才会把注意力放在自己做错的地方，而不是别人看他的眼光，也才不会觉得自己做错了事，全世界都在唾弃他。一方面，一定要让孩子得到教训，好好反省；另一方面则要保护孩子的自尊，不要让他们失去向上改进的意念。

“打骂孩子没什么大不了，像我们这一代都是被打大的，也不会记恨自己的父母。我小时候也很皮，要是当时没被狠揍，恐怕现在会是个狠角色！不过有一点非常重要，”他再三强调，“你不能伤了孩子的自尊心，你保护好他的自尊，他才会懂得尊重自己，愿意做好自己。”

听完他的话，我马上开始反省。有时候，我难免也会在生气的时候，说不好听的话，甚至当着别人的面毫无顾忌地开骂，完全没有想到孩子的感受。

孩子做错事时，如果我们责骂的时机不对、用词不当，不但无法达到纠正的效果，反而会贬抑了孩子努力求好的本心与善性，甚至让孩子模糊了是非焦点，我们的好意教诲反而成了孩子忌恨与不安的来源。

我也回忆起自己小时候最不喜欢家里有客人时还被爸妈唠叨。将心比心，我们也要提醒自己：孩子有错一定要严格对待，但无论是在外人面前，或是奶奶、外婆、姑姑、叔伯、阿姨甚至是孩子的爸爸、哥哥、弟弟面前，都要小心翼翼维护孩子的自尊，顾虑他们的感受。

老翁又补充："我连孙子都是这样教的。我把孙子当儿子一样教，会体罚，但绝对只在我跟他两个人独处的时候。我甚至还到学校跟老师说，就怕老师不处罚，但是很怕老师当着全班同学的面严厉处分，不给他面子！"

芝加哥大学社会心理学学者古雷（C. H. Couley）曾提出"镜中我"的概念：每个人从小到大，都是根据他人口中、眼里的综合评价，建立起自我形象的概念。**拥有正面且稳定的"镜中我"，就是自尊心健全的人，他们具有自知之明，愿意求好，拥有荣誉心，也拥有力争上游的动机。反之，一旦破坏了孩子的自尊心，他们就会变得凡事无所谓、不痛不痒，因为习惯了别人异样甚至唾弃的眼光，于是完全无法砥砺自己，从不在意自己是不是犯错，从而沦落到最糟糕的"无耻之耻"的地步。**

孩子的自尊心是一点一滴建立起来的，亲人、师长、朋友、同学等表现出来的态度与喜恶，真的就如同一面镜子，能让孩子感受到自己的形象，而其中又以父母的影响最为巨大。让我们提醒自己一定要耐住性子，想好好调教孩子，就从建立他们健康、正面的自尊开始吧！

当男孩犯了错又不认账，如何用正向管教矫正其行为

真诚沟通、标准严明，才能让男孩知道错在哪里

在得知孩子犯错的第一时间，我们应该先稳住自己，把自己的角色定位在“协助成长中的孩子学会自律”，而非“好好教训孩子一顿”，才能找出能打动孩子、让他们意识到自己的过错并主动改正的正向管教方法。

处罚前先问自己：我是在帮助孩子？还是在伤害孩子

在现实生活中，很多时候男孩的父母很难保持平稳的情绪，因为男孩实在是太顽皮了。

我家里的三个孩子每次要用DVD机的时候，如果机器里已经有另一片DVD，他们往往把片子拿出来之后随手一搁就不管了，而不是把它放回原来的包装壳里。我屡屡耳提面命，他们却都毫无改进。有一天，我气炸了便脱口而出：“你们三个人这一个月都不准再看影片！”

然而，这么长的期限合理吗？我真的做得到吗？当然做不到！这个处罚一点儿也不实际！唯一的效果只是让孩子知道他们可以继续乱搁DVD，因为妈妈的处罚宛如天方夜谭，他们只会等着看我能坚持多久！在孩子犯

错的时候，父母通常必须在极短的时间内决定如何处置。正因为时间非常紧，很多父母往往来不及冷静思考，就随着自己一时的心情和孩子的态度率性反应，做出程度不一的处罚。而累积了多年的教养挫折之后，我深深领悟到，这类处罚收不到好的效果，冲动的决策过程也只是把孩子当成了“出气筒”，除了让孩子受到伤害与羞辱、父母也失了威信之外，别无所获。到底，我的处罚是真的在帮助孩子矫正行为？还是在伤害孩子？父母们或许应该好好思考一下这个问题。

于是，我开始想到，在责难孩子、处罚孩子之前，第一时间就要强迫自己先想到这个提问。这个自我提问非常重要，因为它将帮助我们找到合适的、科学的处罚方式。如果少了这一道“自我监控”的步骤，就会让处罚失焦、失效，衍生出更多混乱，甚至演变成更棘手的亲子冲突。

一开始就把自己的角色定位在“协助成长中的孩子逐渐学会自律”，而非“好好地教训孩子一顿”，我们才能找到真正打动孩子、让他们意识到自己的过错并主动改正的正向管教方法。

因此，当孩子犯错时，我会先问自己：“我这么说、这么做，是要帮助孩子？还是要伤害孩子？”经过这一道简单明了的过滤程序，我果然能把处罚引入更有建设性且实际可行的方向。

没有孩子不犯错，这也是正向管教的绝佳机会

孩子会出现不当行为，背后的原因错综复杂，有时是明知故犯，但很多时候是无心为之。

无论犯错的本意为何，他们首先都可能产生自我防卫的心态。这种心态会让孩子产生罪恶感、羞愧感，因为合理化自己的行为，于是他们企图找借口、给自己台阶下。很多时候，因为怕别人戳破他们的自尊，他们不愿面对真实状况，会矢口否认错误。这时父母若只是责骂，就很可能错过

这个借由孩子犯错，来进行“正向管教”的大好机会。

没有孩子不犯错，大多数的孩子同一种错误还会犯好几次。我们可以告诉自己：只有孩子犯了错，我们才能及早发现问题所在；只有孩子犯了错，我们才懂得不断检讨、修正自己，继续寻找最恰当的管教方法。

在稳住自己的情绪之后，接下来我们就应该按部就班地通过理性的沟通和行动，让孩子面对错误，改正错误。

妙计70　正向管教三步骤，让孩子卸下心防、反省学习

第一步：真诚沟通，打开对话的窗口

打开对话的窗口，是导正孩子行为的第一步。唯有从真诚的对话开始，才能取得教化孩子的先机。教养不是“否定”“诋毁”“直指错误”，即使孩子知道自己真的犯了错，但父母不留情面地指责，很可能让孩子就此关上心门。要是孩子自认为受了委屈或误解，就更会心生抗拒。因此，父母要记住：“我们的目的是要帮助孩子，绝不是要伤害孩子。”我们可以试着告诉孩子：“爸爸妈妈理解你们，知道你们的苦衷。”

这是一个摒弃敌对、让双方都能冷静面对的最佳模式。理解孩子的苦衷不是要姑息或忽视孩子的错误，而是为了打开对话的可能性。当孩子知道父母不是为了责罚而来，就会软化态度，愿意让爸爸妈妈进入他们的世界。表面上父母的第一步似乎是退让，但这绝对是为了接下来能够顺利地教化孩子。

接下来，我们可以用“但是……”进入正题。可以按照以下两个步骤来进行。

第二步：引导孩子思考为什么不能这样做

简单、明了地引导孩子站在对方的立场来考虑问题，让孩子知道如果

继续采用不正确、不被允许的方式，将会造成什么样的后果。

第三步：提出期望，示范正确的行事方式

我们必须清楚地提出自己对孩子的期望，并向他们说明或示范正确的行事方式。

举例来说，孩子每次使用计算机都没办法控制自己，不断拖延时间，以致让父母担心功课与其他任务都会被耽误，这时如果一开始就责骂："你每次用电脑都这样拖拖拉拉，没办法控制自己，将来还能做什么事？以后不准再用电脑了！"这样只会引起孩子的反感、怨恨，对于解决问题与矫治行为，并没有任何意义与作用。

接下来，我们试着运用上述的步骤来试一下。

（1）同理→（2）引导思考为什么不可以→（3）说明期望、示范正确的行事方式

这样一方面可以让孩子意识到问题的严重性而不致陷入自责或羞愧的情绪；另一方面也能让孩子确实去思考不当行为可能造成的后果，进一步学习控制自己、建立自尊。

我们可以这样说："我知道你在网络上找到一个非常有趣的东西，这东西的确很稀奇，如果我是你，也很希望再多看几遍。（表示理解、使其卸除防卫。）但是，如果你不控制好自己，继续上网不关机，那会发生什么后果呢？（引导孩子思考不能这么做的原因。）你很可能功课做不完，很晚了还不能上床睡觉，把自己弄得很紧张，作业也写不好，对不对？（说明不能这么做的原因。）所以，我希望你能按照我们之前的约定来使用计算机，也就是每两天使用30分钟，然后就自动关机。这样你的时间会运用得很好，每件事情都可以有充裕的时间来好好做。（说明期望、示范正确的行事方式。）"

孩子在成长的过程中，很多时候无法自行知晓解决问题的方法，或者即使知道，也因为意志力薄弱、控制力不佳而屡屡犯错。大部分的孩子都不可能一次就做到最好。就如同知识的传授，教过的会忘记，忘记了就要再教，所以在学习上才会出现“螺旋式教学法”：即使课程不断推进，孩子仍需要老师经常回过头来复习基本概念，才能将知识深深烙印在脑海里，内化成扎实的基础知识。做人做事的道理也一样，尤其对男孩来说，耐心地耳提面命，不断强化、灌输正确的价值观，确实是身教以外不可忽视的教养工作。

妙计71　具体地赞许孩子的进步，形成良性循环

不断正面赞许孩子的进步，更容易形成良性循环，当孩子受到了肯定，必然会加速养成稳定、良好的行为模式。因此，看到孩子表现出正向的行为时，哪怕只是一丁点儿，都要大方而具体地给予赞许！就拿上述的用电脑的例子来说，如果有一天孩子能准时关机，即使是经由我们提醒才做的，都不要吝于称赞。而且称赞的内容愈具体愈好：“今天你能准时关机，我相信你接下来的每一件事情都会按部就班做好，因为你能管理好自己！真的有进步哦！”

妙计72　管教时要严厉冷静，不能让孩子讨价还价

以上的“正向管教三步骤”，对于许多不断在试探父母底线的男孩，可能也起不了作用。

男孩的天性里总有不安的因子，驱使他们一试再试，不见棺材不掉泪。

当理性的正向管教无法生效，则必须采取惩罚的手段。但体罚永远是最后的选择，最好一辈子都不要使用，因为这代表着父母懒惰、不愿意花

费力气思考其他更好的惩罚方式，也意味着我们付出的代价是良性的亲子关系！惩罚的方式如前章所言，包括了隔离、取消权利、静坐思过或体力劳动等，但父母一定要先制定合理的规则，同时白纸黑字清楚写出违反时的处罚方式，让孩子了然于心，一旦孩子犯规了，则要严格执行。

执行处罚前，亲子之间很容易出现一种状况，就是父母再三提醒，孩子仍然我行我素、满不在乎；一旦父母表明要处罚了，孩子又开始讨价还价，亲子双方你一句我一句，这是父母绝对要避免陷入的处境，不能降低自己的权威，跟孩子打嘴仗。

最理想的方式，应该是以超然、明确、简洁、严正的口吻进行提醒，不断重复要孩子执行的动作。

比如说，用电脑的时间结束了，我们提醒孩子关机，但孩子充耳不闻，这时可以严正地再重申一次："时间到，请关机！"

如果孩子还是纹丝不动，则再说一次："时间到，请关机！"

要是孩子继续无动于衷，则再次严正声明："时间到，请关机！"

除此之外，不要和孩子进行任何对谈，对他们的讨价还价也绝对不要回应，只需继续重申这个简单的规定。

如果提醒几次之后，孩子还是没听进去，则要不留情面地依据家规执行处罚，如禁止使用计算机三天。但绝对不要临时决定处罚方式，更不可因自己的怒气而随意执行不合理的处罚，而是要按照孩子早已清楚的约定来处置。

妙计73　不要放纵孩子的情绪

进行管教时，即使孩子闹起脾气，也不要随便放纵孩子的情绪，最好的方式就是time-off。家里可以准备一张放在固定位置的"安静椅"，让孩子到椅子上坐一段时间冷静一下；如果这样还行不通，就把他带到房间休息一下。

我家也有个暴怒孩子凯凯，学龄前一发起脾气时就暴跳如雷、跺脚踢墙，连“安静椅”都被他一脚踢开。我每次都是把他带到卧室里让他躺平，让他踢打棉被、枕头出气。等到哭声停了、气消了，再给他讲道理，让他明白自己错了。

妙计74 适度让孩子自食苦果，是最有效的惩罚

对于屡劝不听的孩子，则可以让他适当、适量地尝尝因此产生的苦果，这也是最有效的惩罚。比如说，因为玩儿计算机的时间太久，导致功课还没写完，而睡觉时间已到，则绝对要禁止他拖延就寝时间继续写作业，写不完的功课就让他隔天带到学校自己补写，并接受老师的训诲与处罚。两三次下来，绝对见效。只要父母看得开、放得下，这将是孩子自我体验、自我教育的最佳机会！

PART 4 游戏与玩具

玩具兼教具 让男孩玩出一片天

具有方向性、速度感的小汽车，是男孩最亲密的游戏伙伴之一，也是开发他们多元心智潜能的理想起点；射击、套圈圈、玩“愤怒的小鸟”的游戏、堆积木……则可以让男孩的狩猎者大脑满足动态追踪的本能。男孩觉得世界有趣，是因为每样东西都可以以立体呈现，建构组合式玩具正是他们展现优越空间感的舞台！

男孩都喜欢玩具车，是后天教养所致还是天性使然

玩具车游戏

——开发男孩的多元心智潜能

玩具车不仅满足了男孩对结构化实体的天生好奇心，也同时给了他们建构故事、情节和场景的突破口。

不要以为冰冷坚硬的玩具车只会带给小男孩速度和运转的快感，他们就是有办法看到车壳上的眼睛、鼻子、嘴巴……

玩具车的方向性和速度感，最能吸引男孩

对男孩来说，只要是会动的东西，尤其是具有方向性、速度感的动态物件，都对他们深具吸引力。而玩具车——无论是玩具汽车还是真实世界里的各种车子，都是男孩最容易亲近的、包含这一切元素的东西。这到底是天性使然，还是后天受到社会文化与性别刻板印象所影响的结果呢？很多学者都对这个议题深感兴趣，很多实验的设计也多半企图颠覆“男孩偏爱汽车类玩具”的普遍概念，想借此证明孩子选择玩具的倾向深受“社会性别期待”所左右。

比如，沙弗尔（Schaffer, 1980）指出，父母会期望子女玩“符合性别

刻板印象”的玩具，并且对男孩、女孩有着不同的角色期待。这可以从父母买给孩子的玩具和卧室的布置看出来。父母会帮女孩买洋娃娃和扮家家酒的玩具，卧室则多以花朵图案装饰；男孩得到的则是玩具枪、运动器材、自行车、工程模型等表现武力、着重于空间视觉和机械结构的玩具，卧室则多以动物图案来装饰。父母提供给男孩的玩具种类较多，而且偏向创造、发明的性质，鼓励接近自然物理环境并强调手工操作；提供给女孩的玩具则偏向模仿性的角色扮演，以社会环境的适应为主。

学者在观察小学生的游戏种类之后，也归纳出一个结论：父母和孩子的互动模式原本就有性别区分。比如，父母和男孩玩的经常是“活动性的游戏”，和女孩玩的则是“社会性的游戏”；常把洋娃娃交给女孩，把球交给男孩，自然会造就不一样的性别认同和行为模式。

不过，也有实验发现，在自由选择的状况下，交通工具类、空间益智类的玩具普遍受男孩偏爱，例如，“玩具车”始终是小男孩的首选之一。还有研究发现，如果要幼儿园孩子画出最喜爱的玩具，竟然有高达60%的小男孩会画车子，小女孩几乎有70%会画娃娃。

为什么小男生和小女生会选择不同的玩具？探讨男女差异的学者利奥纳德·萨克斯以科学证据明确地指出，**男生的视网膜富含较厚的“巨细胞”，女生则富含“小细胞”。巨细胞最适合侦测位置、方向与速度；小细胞最适合侦测的则是颜色与质地。这个前提在文化、社会等后天因素介入之前，已大致决定了男女的生物性特长与喜好。**

而自从三个孩子相继呱呱落地，我就成了一个热衷观察孩子的实验者。回顾自己的博客，我也发觉，牵着孩子的小手与玩具车忘情邂逅的经历，常常占据着我的博客版面。我亲身体验到，三个男孩喜爱玩具车确实是出于天性，我绝对难以用“性别的刻板印象”来引诱或影响孩子的选择。我非但不是刻意的“安排者”，反而是被孩子们牵着鼻子走的“跟随者”，跟着他们玩玩具车、看玩具车、画玩具车、拼凑玩具车、手做玩具车……用尽各种可能，试图和玩具车合而为一。

玩具车是男孩的天生玩伴，也是理想教具

在三个孩子成长初期，尤其是学步儿时期，玩玩具车的游戏从来就不曾间断过。这不只是我的亲身体验，我身边的亲朋好友、邻居街坊以及博友，都有同感：玩具车，是小男孩发自内心喜爱、主动选择拥抱的最亲密的游戏伙伴。他们的世界若少了玩具车，可不只是玩具箱里的遗憾，更有可能让他们错失让心智潜能多元开发的大好机会！

学习语言，从玩具车开始

有哪家的孩子第一次说话会发的音不是“ma”、“ba”？有，我家的钧钧就是。他第一个会发的音非常奇特，竟然是“wā（挖）”。由于他热爱挖土机，才1岁多时我就目睹这个积极的娃儿为了向大人表达“挖土机”的意思，连“爸爸妈妈”都还喊不出来，就能吃力而清楚地发出“wā”这个音。从此，他就一整天“wā”来“wā”去地“wā”个不停，用这个声音顺利指挥大人带他去看挖土机、帮他画挖土机、买挖土机玩具、拼装挖土机模型。

而第二个会发的音呢？竟然是“挖”土机挖完之后要倒土的“倒”（dào）。只发得出这两个音的钧钧，就这样“挖挖倒倒”的，为我们每天的亲子相处时光指出了明确的共学、共玩方向，也造就了一连串以“挖土机”为主题的趣味生活。

动笔画画，从玩具车开始

老大翔翔在学步儿时期，每天都会要求我画上几十台水泥车。当时他连一张笑脸都还画得零零落落，但第一幅完成的具象画就是一部清晰可辨的水泥车。而老二凯凯和老三钧钧都是从4岁起，因为疯狂迷恋火车而开

始动笔，之后他们就如在线作业员一般，每天都不断在空白纸张上产出各型各色的火车。

立体创作，从玩具车开始

早在学步儿时期，三个孩子的动手创造力就同时随着心中对玩具车的向往而起飞。他们会利用各种回收材料，拼凑组合出让自己心荡神驰的交通工具。玩具车能激发出他们无穷无尽的创作力，小脑袋随着车子的转动不间断地运转，将不起眼的废纸盒、硬纸板、竹筷等，化为各种具象、立体的玩具车。对挖土机情有独钟的钧钧，甚至从4岁开始天天都用积木组合一台挖土机，这仿佛是生活里的固定仪式。

探索知识，从玩具车开始

虽然刚开始，小男孩只是想要多认识飞机、汽车或火车等交通工具，但他们也多半会从这个让自己关注的焦点延伸，继续探索相关信息，而逐渐变成一块强力吸收科学知识的海绵。随着年龄增长，很多男孩还会进一步扩大兴趣，对所有机械、物理和结构性器具产生兴趣。

我们家的小孩因为对火车深感兴趣，也开始对火车动力的演进感到好奇，于是从蒸汽火车一路研究到磁浮列车。后来，因为乘坐地铁时觉得五颜六色的路线规划很有意思，于是他们开始好好研究了一下交通标志的设计。才不过几年，蹒跚学步的小男孩手里的那一本轻薄短小的交通工具图画书，就变成了又厚又重的百科全书。

角色扮演，从玩具车开始

小男孩多半不喜欢拿着美丽的娃娃玩角色扮演的游戏，但这不代表他们的童年不需要通过幻想情境、自编角色和模拟对话，来满足自我演练社会化的需求。妈妈们多半都会留意到，小男孩的游戏世界也充斥着各式各样的虚拟角色、对话和动作，而且更为特异古怪。只是他们手里操弄的绝非玩具娃娃，而是永不离手的“玩具车”。他们嘴里发出的拟声词“轰—

砰—铿—锵”多于实质的对话，肢体动作也多于脸上的喜怒哀乐；扮演的场景往往不是“我的家庭真可爱”，剧情也不是“王子爱公主”，而是充满着紧急、意外、灾难、争斗的惊险动作片。

玩具车不仅满足了男孩对结构化实体的天生好奇心，也同时供给他们建构故事、情节和场景的突破口。**这是因为男孩看待玩具车的眼光原本就不同于大人，大人只能出于理性将玩具车归类为工具，但无法分辨真伪的男孩，则能为热爱的事物赋予鲜活的生命。**不要以为冰冷坚硬的玩具车只会带给小男孩速度和运转的快感，他们就是有办法看到车壳上的眼睛、鼻子、嘴巴，以及车壳内的喜、怒、哀、乐等情绪变化。

例如，《托马斯小火车》曾是我们家最受欢迎的卡通，但我觉得孩子从中得到的最大收获，并非是他们的创造力能被每一部造型迥异的亮丽列车所激发，影片中不着痕迹的品德教育，如诚实、勤劳、互助、友爱等特质的分享与传达，更让孩子受益匪浅。要对小男孩说教很不容易，让列车带着人性现身说法，可说是完全顺应了小男孩的自然心性！

逻辑思考，从玩具车开始

所有喜爱玩具车的小男孩，一定都会玩一种看似极为无聊的游戏，就是每天把车子一部又一部排列整齐，数过来、数过去。玩具车无疑是引导小男孩认识形、量、色的最佳教具，从此延伸的各种逻辑思考和脑力激荡的练习，例如分类、排序，甚至是更为复杂的拆解、组合零件等，也会进行得更加顺畅。

玩玩具车的同时，男孩也在学习

我曾经不止一次听妈妈们说：怎么你的孩子会做那么多有创意的事？会研究那么多稀奇古怪的东西？而我家的孩子就只会玩玩具车？

听说我家的三个孩子从玩玩具车延伸发明出诸多新鲜有趣的活动，更有妈妈问我：怎么我家宝贝一拿起玩具车，就只会排来排去、推来推去，一点儿长进也没有？

对于第一个问题——只会玩玩具车，我想说的是：我从来不曾带着成见去看待孩子玩玩具的起点，也不曾干涉他们的玩法。“玩具”本来就是一种在孩子游戏时，能让他们喜悦、专注并启发智能的物品。维高斯基（L. Vygotsky）认为“玩具”的功能包括：让孩子抒发情绪与感情，提供想象情境，帮助孩子发展抽象思考能力。每个小男孩在把玩玩具车的时候，几乎都会想象自己是经验老到的驾驶人，虽然我们觉得他们是在玩，他们却认定自己是在认真工作、享受工作，操控着车子的方向、转动和速度。他们丰富多变的声调表情丝毫不输给职业演员，那是因为他们比大人更能专心优游在自己想象的情境里！

妈妈们之所以担心，是因为看到孩子身旁除了玩具车之外什么也没有，目睹不到任何关乎智能发展的具体“成果”，而就此认定孩子玩的只是一种难以刺激智力的无聊游戏。

但是，我们留意到孩子的表情声音了吗？我们又是如何看待孩子的肢体动作？孩子玩玩具车时无可替代的专注与喜悦，不就反映出他们正在进行丰富精彩的脑部活动？这些隐形的学习画面，的确需要父母多运用想象力、多付出爱与同理心，才能感受孩子那不可思议的小世界！

只会拿玩具车滑来滑去，这样的男孩毫无长进

至于第二个问题——为何我们家的孩子都能主动从玩玩具车的游戏，延伸出各种创作或智能活动？其实，每个男孩在玩玩具的时候，都能依照自己的多元智能天赋，激荡出迥然不同的创作成果，只要让他们拥有与玩具车充分相融的自由，都能引爆意想不到的火花！

如果始终只看到孩子拿着玩具车滑来滑去，没有更进一步的发展，或

许得考量他们的心智年龄是否仍停留在习惯独自游戏的阶段，即便如此，也不必过于心急。心理学家派顿（Mildred Parten）在研究幼儿的社会化时指出：两岁以下的幼儿没有参与性的游戏行为；两岁到两岁半的幼儿通常会独自玩自己的玩具；三岁半以前，即使有同侪在身边，孩子也还是各玩各的，互不相干。这也是为什么我们常看到小男孩旁若无人地，只是与玩具车相伴也能自得其乐。

不过，只要孩子玩玩具车时，是发自内心地感到满足和快乐，也就表示他正在动脑！所以，别小看孩子们单独游戏的行为，不要阻挡这种自由酝酿的过程，在孩子单调却悠哉的举动外表下，其实包藏着一颗神经元正在万头攒动、活络联结的灵光小脑袋。

妙计75　在孩子的玩具车世界里，做好学习的引路者

既然玩具车能带给孩子这么多的喜悦和启发，既然孩子的形体言语正反映着他们的脑部动向，我们也不要只顾着欣赏孩子游戏时的手舞足蹈，而是应该提供一定的支援，让他们充分挥洒在玩具车游戏中萌生的想象力和创造力。

让喜欢创作的小画家能随时把脑中的图像呈现出来。给他们准备好随手可得的纸张与彩笔，给他们营造一个良好的涂鸦环境。

让喜欢手工制作的小工艺家能尽情地拼凑爱车。给他们准备好足够的材料，如小锉刀、建构积木、抛光膏等。

让喜欢说话的孩子找到同好，人手一车即兴演出，满足人际互动的表达欲望。除了朋友、手足之外，爸妈可不能当欣赏者，要乐于参与到宝贝的角色扮演与想象游戏中，才不至于和孩子心中描绘的美好图像擦肩而过。

让喜欢研究玩具车结构的小工程师，扩大空间视野。父母必须尽到责任，适时适当地引导，给男孩们提供各种信息和搜寻的方向，例如，带他们去看实际运行的地铁或火车或是阅读各种交通工具图鉴，引发他们进一步探索的好奇与热情。

教养手札

让我们看地铁去

——玩具车是活络男孩感官的完美物件

我从来没有想过，“观看车子的来来去去”可以成为生活中一件轰轰烈烈的大事，但是在三个孩子陆续报到之后，我天天都要逼自己亲近“玩具车”、观察“玩具车”，更要想办法爱上“玩具车”。

孩子上小学前，曾有很长的一段时间，每周五我都会带着他们开展“地铁体验半日游”的独家行程。这个行程非常简单，就是“拎”着三个孩子随兴搭乘地铁，既不出站，也无目的地，想坐到哪儿就坐到哪儿，想停留多久就停留多久，而宝贝们的目的只有一个，就是要好好欣赏来来往往的地铁列车。

我特别喜欢这个活动，当然不是因为我很爱看地铁，而是平常总觉得脑子不够用的我，此时竟然可以什么话都不用说，孩子们目不转睛看着地铁，我则可以站在一旁放空思绪！更幸福的是三个孩子都不用花钱买票，我们想上就上，想下就下，既不怕日晒雨淋，更不用担心受寒流冲击。即使每周的行程一成不变，孩子们的兴致却始终不变。

当地铁发出隆隆的声响疾驶而过时，三个小男孩一致的眼神告诉我：地铁可不只是机器！风驰电掣中，一长串的列车气势逼人，神奇地自动开门、关门，充满力量地转弯、加速，不时和铁轨摩擦发出的尖锐金属声响，杀气腾腾；才在高架桥上奔驰，又瞬间钻入地底，敏捷有力，威风凛凛。当我愿意跟着孩子用虔敬的眼光看待地铁时，不由得也要凝神屏息，感受地铁这具金属巨兽的强大生命力。

列车一靠站，只见三兄弟一脸肃穆，小小的身躯抬头仰望着硕大的列车，仿佛看见了天神下凡，而他们是特地来此朝圣膜拜的。而一踏进车厢，他们小手里紧握的地图更如字字珠玑之圣典，一个又一个站名不断从小嘴里流淌出来，精准无误，如同诵经一般。此时，他们俨然已和心目中的至尊合体，变成了隐藏在铜墙铁壁的躯壳里主导一切的强大灵魂，拥有的威力不可斗量。

下车后，孩子们依然流连不舍，等待引擎声启动，以进行最后的送别仪式。他们旁若无人地对着地铁车尾用力挥手，在众目睽睽下大声呐喊：“地铁bye-bye！地铁 bye-bye！……”

我从未想过，“称心如意地观赏地铁列车”可以成为三个孩子童年生活的重要回忆。更没想过的是，这个行程竟然在我交换妈妈经时成为稀松平常的话题——原来，很多妈妈都做过同样的事！

不只是看地铁，有的妈妈还会带儿子看火车、看水泥车、看挖土机、看吊车……仿佛只要有轮子的东西，都值得好好驻足欣赏。在小男孩的心中，它们不仅仅是钢衣铁皮引擎齿轮的组合，而是一种几乎为他们量身打造、迎合他们心智发展、充分活络他们感官神经的完美物件。

当然，我为孩子们制订的“玩具车体验行程”也不只是看地铁。在松山火车站尚未地下化之前，那儿常是我们家“周末单车半日游”的终点站，十数条铁轨并列交错，最是精彩的景点。三个孩子在火车站一站就是一小时，“赏火车”赏到眼睛疼。

小男孩几乎什么车都喜欢，我家翔翔两岁时，甚至连“垃圾车”都可以看得津津有味。当时我还是职业妇女，每天从保姆家接他回来时，刚巧都会碰上垃圾集运时间，而翔翔几乎天天都要看到垃圾车从他视线中彻底消失，才肯罢休。

小男孩的快乐其实很容易满足，我很快就觉悟，与其花大把钞票搬回一箱一箱精美光鲜的汽车模型，还不如卷起衣袖、牵着小手、放下身段，老老实实，跟着孩子认真“赏车”去。

对我的三个男孩来说，能把每一列地铁列车看到饱、看个满足，应该不亚于孩提时的我穿上蕾丝洋装当漂亮公主的开心吧！当小女孩来回轻拂柔软的洋娃娃，脸上洋溢着温柔的母性光芒时，我们家这三个如同石化人般定住不动的赏车迷，嘴角可也漾着一抹挡不住的满意神采。

有速度感的交通工具，是男孩的最爱

逗男孩开心何须舍近求远？看地铁、看飞机、看火车……就是最棒的享受，既迎合他们的心智发展，更能充分活络他们的感官神经！

为什么小男孩堆完积木，还要推倒积木才过瘾

瞄准射击游戏

——满足男孩的动态追踪本能

男孩的大脑建有比女孩更完备的装置来处理速度、角度和距离，因此像射击这类有着强力速度感的动态追踪游戏，深受男孩青睐。对于这股天生的内驱力，诅咒它不如善用它、满足它，让男孩借此建立成就感，变得更有自信并获得同侪的尊崇。

堆好积木不是目标，推倒积木才是重头戏

三个孩子进入学步儿时期之后，就常有邻居孩子到我们家玩，但我总是很纳闷，为什么别人家3岁左右的女孩已经可以拼上100张拼图，而我家的3岁男孩却连40张拼图都拼得零零落落?

再把时间往前推一点儿，回到一两岁的阶段。一两岁的女孩，口齿清晰的程度已足以上演喜怒哀乐兼具的过家家游戏，但两岁男孩却仍是不发一语，只管将积木一块又一块拼命往上堆高。对于这个往上堆高的单调动作，我当时甚为不满，尤其看到邻家拼图女高手的手艺日益精进，我觉得自家的小孩简直是堕落不长进，因此下定决心——一定要指导儿子在拼图

上有所突破。

每隔一段时间，我就换上张数更多的拼图，设下一道道目标，终于——20张、30张、40张、50张！哇！我的头可以抬起来啦，起码达到人家一半的水平了！

只是，随着张数增加，儿子对拼图的兴趣与成就感却没有因而增加，似乎只是虚应故事，要完成妈妈指定的功课罢了！孩子们仍然钟情于堆积木的单调把戏，而且不知从何时起，还加入了另一个惊悚的爆点——在堆到一定高度时，一起拿弹珠用力击过去！

“砰”的一声！积木应声倒地，这一瞬间小男生们同时龇牙咧嘴，爆出共鸣——呵呵呵！他们的笑声昭告世人：这样才好玩啦！这是小男生堆积木游戏的最高潮，只见他们两眼发亮，骄傲地手持“武器”蓄势待发，似乎所有的辛勤“建设”，就只为了这一刻！砰！砰！砰！快节奏连续轰炸，具体而微的小城市、小城堡被摧毁到断垣残壁、体无完肤，小男孩则表达出同步的快感：“好好玩哦！我们再来堆一次！”

男孩空间感较佳，堆积木要比拼拼图更有成就感

任何妈妈，尤其是女孩们的妈妈瞥见这一幕，必定大大摇头，因为完全看不出这种乏味的游戏对孩子有何启发，此类不良游戏的暴力与毁灭倾向说不定对孩子有坏的影响，更何况巨大的噪声也让人心烦气躁，另外还得担忧是不是会打扰邻居。其实，在小男孩单调的堆高动作与看似偏执的破坏倾向中，正隐藏着不为人知的大脑发育的秘密。

根据脑神经专家的研究，男孩大脑中处理空间、视觉的区域，天生的性能就要比女孩精密、优异，因此他们自然会去寻找与自己生物机制相符的游戏模式。学步儿时期热衷于堆高积木，到了学龄前更扩展到三度空间，正反映出男孩趋向于满足大脑的特性；而善用男孩这方面的行为模式

可以进一步强化大脑原本的能力，所以让男孩继续去搜寻或创造各种进阶的游戏与活动吧！

男孩普遍较优异的空间感，随着心智发展会出现更明显的分化进步。几乎所有男孩都爱玩立体组合型的益智玩具，在拆解与拼装的循环动作中感受无穷乐趣。只是认真组合完之后，为何又要用力推倒？这背后暗藏的玄机，也跟男孩的生物本能有关。

男孩的狩猎者大脑，导致他们热爱动态追踪的游戏

推倒积木、轰炸成品甚至拿东西砸人，没有妈妈能找出正当的理由为男孩这些粗暴的行径做合理的辩护。尤其在玩团体游戏时，妈妈们看了孩子的这些行为更是面面相觑。

许多脑神经专家试着从人类进化的角度来追究男孩这类行径形成的原因。**远古时期的男性必须以迅速精确的视觉来追踪猎物，以保障全族获得足够的食物，这种在空间中追踪动态目标的特质，在历代演化后不断被强化，甚至深烙于男性的大脑基因。**曾以“男女大不同”为题出版多本书籍的作家亚伦·皮斯和芭芭拉·皮斯（Allan and Barbara Pease）即不断声称，男性的大脑就是一个“狩猎者的大脑”，脑内建有比女性更完备的装置，用以处理速度、角度和距离。

或许这可以用来解释，为什么需要精确瞄准和强而有力的速度感的游戏，几乎都会受到男孩青睐。除了像恐怖分子一样轰炸积木，小男孩也喜欢玩射箭、射手枪、射水枪，到了夜市必玩射气球，甚至连要小心瞄准的套圈圈，都能玩得不亦乐乎。

而电玩游戏“愤怒的小鸟”以无可比拟的威力横扫全球，则说明了“动态追踪”的吸引力，足以让男孩沉溺其中。需要精准击球的球类运动，如篮球、躲避球、足球、桌球甚至是接丢飞盘，更是不分年龄层地成

为活动量大的男性日常生活中不可或缺的身心体操。

要是一时找不到让孩子打球的适合场地，或是只能让他们待在家里无法出门时，喜欢“瞄准”、“射击”甚至要“瞄准+射击”才痛快的男孩，很可能成为惹人嫌的捣蛋分子。对于这股天生的内驱力，诅咒它不如善用它、满足它，让男孩借此建立成就感，变得更有自信并获得同侪的尊崇。以下就跟大家分享一些自己动手就能做，并且能在室内玩的小游戏。

妙计76　设计室内小游戏，在家里也能享受“瞄准乐趣”

魔鬼毡小球投掷游戏

即便是很小的男孩，他们也很喜欢玩对准目标射击的游戏，但为了安全起见，建议可以用魔鬼毡条包住的小球作为射击工具。这样的游戏组在玩具店都找得着，也就是让小男孩对准目标后，把球掷出去，包着魔鬼毡的球就会黏在目标布板上。当然，妈妈也可以自己动手做：

（1）用无纺布制作目标布板，依据需要裁剪出适合的大小，并且用不同的颜色代表不同区块，再拼缝在一起；想再简易一点儿，也可以直接在一大块无纺布上用奇异笔划分出各个区块。

（2）把家里不用的小球或乒乓球，用两条魔鬼毡交错包起来，就成了黏性十足的射击球。

飞镖玩具组射击游戏

孩子上小学之后，可以买射击飞镖组给他们当玩具，上面有精确的分数标示区块。喜欢挑战高分的男孩可以玩上好一阵子，又不会过分吵闹，对他们来说是很完美的室内游戏组。

自创套圈圈游戏

小男孩绝对喜欢玩套圈圈游戏，不过一般玩具店卖的套圈圈游戏组都比较老套，通常就是一个放在地上的圆锥状固定目标物，再加上一摞七彩套环。所以，我们家的三个孩子喜欢自创套圈圈游戏，拿家里吃剩的糖果、饼干外包装盒以及不用的小文具、小玩具，放在地上，摆成一排排的目标物，就像是夜市的游戏摊儿，而套目标的圈圈就用大胶带环来充数。

钧钧大班时还发明了一种玩法，就是把所有红包袋都装满了玩具纸钞和钱币，金额不一，有些还是空包，然后就开始套圈圈，最后每个人再把套到的红包袋一一打开，谁套到的钱最多，谁就赢了，真是一个充满惊喜的套圈圈玩法。

改良版的砸积木游戏

如果孩子还是喜欢玩砸积木的游戏，基于对他们的理解，我还是会成全，只不过我会要求他们晚上九点之后绝对不能玩，也会为他们准备一大张平滑的垫布铺在下面，以减少噪声。当然，老是待在室内不是个好办法，要进行“动态追踪”的最佳场地当然是户外，各种球类运动、丢接飞盘、回力镖等游戏，更能满足男孩想要无限延伸的视觉追踪欲望。

手工版的弹弓、竹枪、弓箭

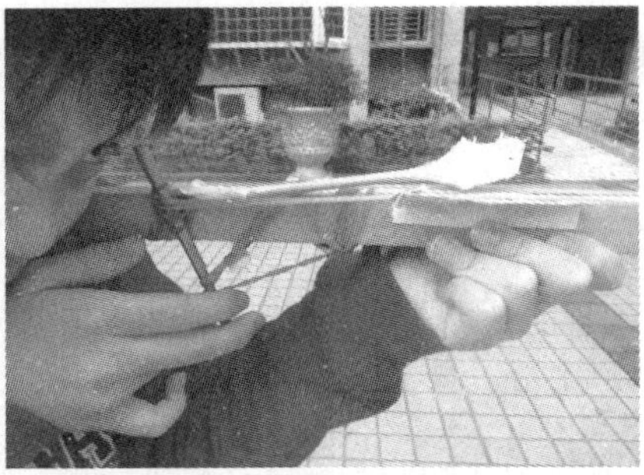

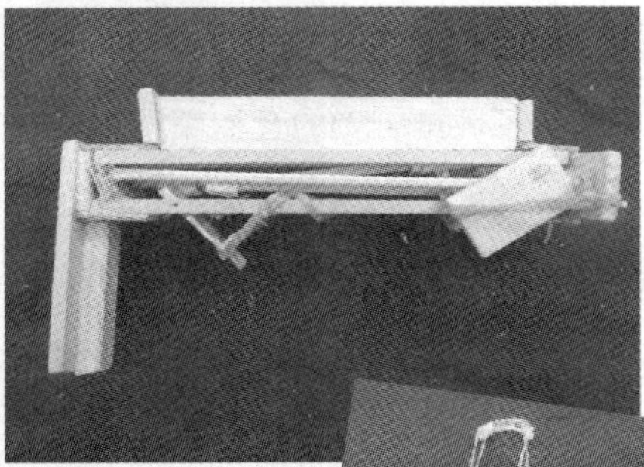

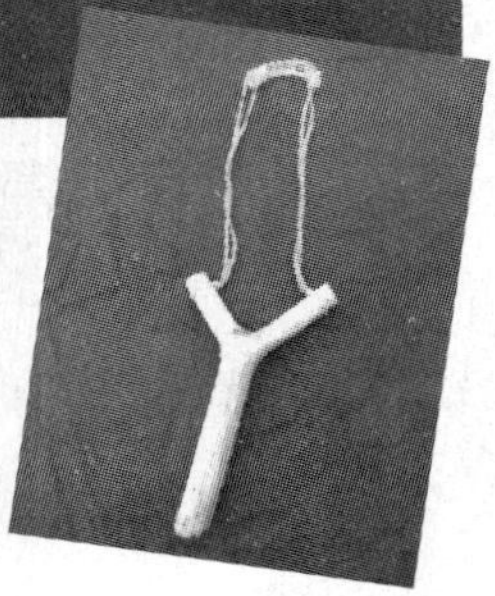

传统的儿童玩具——弹弓、竹枪和弓箭，也是男孩非常喜爱的游戏玩具。

弹弓的做法很简单，只需要捡一个叉形树枝，再裁锯成“Y”字形，然后用几条橡皮筋连接，中间放子弹的凹槽，则可以剪一段用剩的胶带环充当，这样厚实强韧的弹弓就做好了。此外，用免洗筷、橡皮筋组装缠绑起来，还能做出一支可以扣扳机、射击力超强的竹枪。

弓箭也很容易，只需要捡一根有弧度的树枝，用橡皮筋连接缠绑即可。为了降低杀伤力，小子们还想出了妙招，就是把每支箭头都绑上卫生纸球，再用胶带缠绕固定。男孩特别钟爱这类射击玩具，我们家的手工小达人凯凯还因为玩出兴趣，进一步研发出了弩箭、连发弩枪；钧钧也结合竹枪和弩箭，自己研发出了扣扳机就可以发射的“模弩枪”。

动手制作传统的儿童玩具，满足男孩的瞄准射击渴望

只要有一次性筷子、橡皮筋、树枝和胶带环，就可以做出竹枪、弹弓和弓箭；再灵光一闪，卫生纸安全箭头、升级版“模弩枪”也出炉了，这都可以让男孩玩得不亦乐乎。

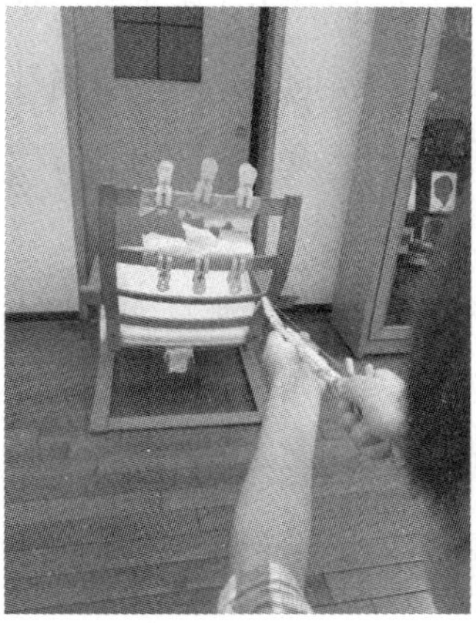

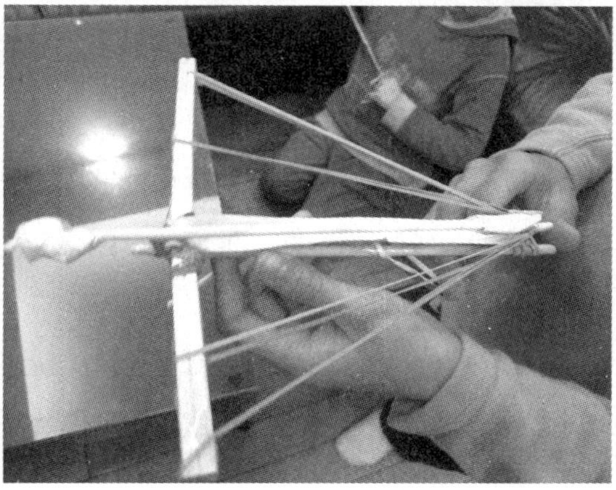

为什么男孩不爱拼图，积木却玩得一级棒

立体组合玩具
——展现男孩的空间处理能力

许多男孩都是小工程师，对物体的结构、组合及运转机制深感兴趣。在组装积木、模型等立体玩具时，男孩能感受到手脑并用的协调性，对自己精准的空间—视觉控制力极为着迷；而成功经验的逐次累积，不但会让他们继续强化优势，甚至愈玩愈进阶，甚至玩出个性、工作与职业！

平面的拼图，满足不了男孩向空间延伸的欲望

老天爷的安排很公平也很巧妙，当三岁男孩的拼图能力仍远远落后于同龄女孩时，他们的触角却已经悄悄地率先伸向三维空间了！对于拼图游戏无法使劲儿力“拼”的男孩，并不是真的不爱拼图，而是扁平的拼图世界实在满足不了他们想向空间延伸的欲望。男孩多半比较喜欢更接近真实的立体物件，在三维空间，他们的思路会立刻畅行无阻，抽象的组合概念也会变得灵活敏锐。

女孩热衷于平面图像的记忆与连贯，玩拼图就像背书一样，一遍比一遍熟悉、一遍比一遍快狠准；然而这些图片一旦立体化，女孩就开始晕头

转向，分不清上下左右、东南西北了！反观小男孩，对于五颜六色、散成一团的平面图像应该如何连贯真是雾里看花，但只要变成立体结构，要如何连贯、密合和延伸方向，他们的脑袋就清清楚楚了，好像里头天生就装有坐标与蓝图指引着他们。维吉尼亚技术学院一项针对508名儿童所做的脑部研究也发现，**女生大脑中掌管语言和精细动作的部分，要比男生早熟6年；而男生大脑中掌管目标和空间记忆的部分，则比女生早熟4年。**

组装立体玩具，可以让小男孩无比专心

这也可以说明，尽管小男孩在生活技能、书写或劳作等细微动作上总是笨手笨脚、粗枝大叶，但由于在空间概念上占有天生优势，一玩起组合型立体玩具，俨然就变了个人，让大家刮目相看！当一个人认识到自己的特长，必然会乐在其中，而且专注无比，所以我们常会看到，那些世界上最顽皮、吵闹的“小野兽”，竟然能在组装、建构立体玩具时，变得极其安静而心无旁骛。

我们家的老大翔翔，就常常带给我这样反差剧烈的震撼教育。他天生就是一只动来动去、手脚很难安分的“毛毛虫”，大多数时间，他身体里的大半细胞都像是被异物侵扰或是有电流乱窜一般，逼得我直想掰开他的嘴，塞下一颗“利他林”（减缓多动儿症状的药物）！

不过，翔翔只要坐下来组合积木，专心设计起想象中的立体变形金刚时，神奇的事情就发生了！不要说他的肢体动作变得安定稳当，环绕在他周遭的世界似乎也随着他沉淀的心神而变得异常安静！判若两人的表现，用“双重人格”来形容也不为过！

翔翔的一个朋友也是如此。这个男孩一坐下来写功课就心神不宁、拖拖拉拉，往往写到晚上十一二点还是写不完，让妈妈头疼不已。这位妈妈老是向我诉苦，认为儿子的不专心是个大问题，甚至怀疑是否该送他去治

疗。我反问她，那他做什么事会专心呢？

哦——也是玩组合玩具，甚至是拆解、组装家里的电器用品！这时候的他可是脑袋灵光、手脚勤快呢。这位妈妈说，孩子除了爱玩这些东西，还爱打电动，对其他事情都提不起劲，她想送他去上些才艺课拓展兴趣，但儿子总是意兴阑珊，抵死不从。

我直接告诉她，你儿子的兴趣够明显了呀！未必要上什么课，在家里玩积木就是最好的娱乐、最赞的奖励，也是训练专注力的最佳方法！真的要上才艺课，就送他去玩玩机器人创作，甚至是研究怎么写程序来驱动机器人吧，保证以后是他来催妈妈赶快付学费呢！

在建构拆解的游戏中，培养男孩的能力与自信

许多男孩都像上述这个孩子一样，是天生的小小工程师。世界之所以有趣，就是因为每一样东西呈现出来的都是立体的形态；而每一样家居用品和电器看起来都像玩具，正是因为它们都可以被透视，不断被拆解为大、中、小各种组件。观察其中环环相扣的精巧组合与设计，可要比体察同侪们的一举一动更有趣。

男孩和女孩看待世界的方式很不一样，外在世界中，对他们举足轻重的元素也大不相同。小女孩始终想要结交朋友，渴望情感的联结、形象的建立和人际的肯定，拥有了这些看不见的感情成分，她们的世界才有意义，生活也才得以完整愉快。而男孩的成长世界可不能没有玩具，尤其是立体类、组合类的玩具。

在组合玩具时，男孩能充分运用空间处理能力，感受到手脑并用的协调性，对自己精准的空间—视觉控制力深深着迷；而一次次成功经验的累积，让他们更有自信，也能继续强化这方面的优势。男孩小从2岁、大至18岁都喜欢操作类玩具，或是从环境里不断寻找可以建构—拆解、拆解—

建构的素材，愈玩愈深入、愈玩愈升级，甚至会玩出自己的个性、工作与职业！

思维立体化的男孩，或许察觉不到人的表情如何变化，更难体会其中蕴含的意义，对于人与人之间该如何和谐交流也不太在意，但是对于固定物体的空间配置、活动零件的组装模式以及各种运转、启动的机制，却有着敏锐的洞察力。这也是为什么许多男人宁愿沉浸于各种DIY组装的嗜好，也不想在人群里嚼舌根！

我并非要刻意迎合社会文化长期以来的制约观念，把男孩和女孩的游戏倾向做出性别印象的刻板划分，而只是真真实实地想说明：一个快乐成长的男孩，的确需要善用、巧用、充分运用被证实了的男性所有的较为优异的空间—视觉侦测能力。我们可以让男孩尝试各种玩具、游戏而达到“去性别化”的效果，但是会运用到空间组合或解决问题能力的玩具，也应该是男孩的玩具箱里不可或缺的乐趣来源。根据不同的成长阶段，我们可以为男孩准备以下各种建构组合式玩具，帮助他们持续发展空间处理能力和实务操作技能。

三维空间的积木世界，是男孩的筑梦天堂

立体建构式玩具能训练男孩的空间组合或问题解决能力，让他们边玩边学、边思考边操作，是男孩的游戏箱里不可或缺的乐趣来源。

妙计77 1～2岁：用“几何造型的生活用品”拼装想象

一般的木质积木、叠叠乐或是家里的各种几何造型用品，如未拆的肥皂盒、牙膏盒、麻将、纸箱等，都是学步儿时期的宝贝最理想的建构组合式玩具。以立体模式看待世界的男孩，原本就在小脑袋里储存了很多喜爱的立体图像，如火车、汽车、工具或高楼等，只要在周遭的环境里找到可以建构的素材，他们小手的创作成果就能和小脑袋里的立体想象零距离接轨。钧钧三四岁时最爱火车，每天都会把围绕在餐桌旁的六张椅子以及哥哥的书桌椅全搬出来排成一列，然后再把玩偶拿出来，一张椅子放一个玩偶当乘客，“椅子火车”就这样在他投入而忘我的模拟声音中快速行驶起来。虽然身体受限于一方斗室，他的小小心灵却穿越了时空，护送着玩偶们一一抵达它们的温馨家园。

每次去大卖场采购回来，一些未拆封的盒装牙膏或肥皂，都会堆在客厅地板上好一阵子，因为这是钧钧最喜爱的火车零组件。他一定会将它们排成长长的一列，然后从后面慢慢往前推，当然小玩偶又会被请出来了。这些看似简单无趣的立体几何家用品仿佛藏着男孩编造故事的密码，让钧钧总是尽情神游于护送客人、发生意外事件、英雄出马、解除灾难等一连串高潮迭起的角色扮演游戏。

孩子这个时期的空间创作，是以掌握大特征为原则。一节一节的长方形物体就是火车；往上堆砌的就是101大楼；有斜坡的就是溜滑梯……而最适合学步儿的建构组合式玩具，就是不受限制的“单位零组件”，可以让他们随着喜好，自由自在地堆叠。

妙计78　2岁半～4岁：用简单的“初阶版组装玩具”建立信心

简单而容易操控的初阶组装玩具是适合这个年龄段孩子的不错选择，如初阶版的大颗的乐高积木、卡榫大而方便拆卸组装的大型智慧片或是利用Lasy积木的大单位零组件做简单的拼凑组合。

为这个年龄段的孩子准备大颗、大卡榫、适合其操作能力的“单位零组件”是很重要的。想要动手操作的孩子，如果拿到的是小颗、难以组合拆卸或是劣质的单位零组件，常会因为手劲儿不足、协调性不佳，而在游戏过程中产生挫折感，从而对这一类玩具望而却步。

妙计79　4岁开始：用“主题式建构玩具组”奠定创作的基础

可以选择主题式乐高组（可拼装为特定成品的玩具组），让孩子按照指示组装，在过程中逐渐熟悉各种零组件的功能，为将来自由运用零组件的创作活动奠定良好的基础。或者，也可以引导孩子运用“功能性零组件”，像是轮子、齿轮、卡榫等，制作更精致的交通器械类作品，让小男孩更贴近心中最爱的玩具车。

从4岁起，男孩操作建构组合式玩具的能力将有一个大的提升。他们比较懂得把功能性零组件妥善运用在作品中，也能利用更多细小的单位零组件拼装结构更复杂、分类更清楚的物品。例如，他们不再只是组装一种有轮子的汽车，而是逐渐将成品细分为卡车、火车、挖土车、吊车、轮船等，房子也会细分为房间、游乐场、游泳池等。

所以，父母不用心急，男孩4岁之前的作品几乎都是结构粗略、仅具有表面意象的简单物品；但过了4岁，男孩的小肌肉开始活络、手眼更为协调，感官系统的敏感期也随之到来，五感突飞猛进、观察更为细腻，这时再开始为他准备几套Lasy积木，或是更细致的小颗乐高、智慧片等，并不算太晚。有些晚熟的男孩，甚至要到5岁多才能创作出比较精细的作品。慢慢等待，适时提供合宜的玩具，才能让男孩们玩得开心、玩出自信。

妙计80　中高年级之后：用“机械模型、DIY材料”打造梦想

进入中高年级，男孩的立体概念已经相当成熟，典型的操作型男孩更会不可自拔地爱上舰艇、飞机、汽车等复杂模型的制作组装，而且对这些模型材料表现出无比的耐性。

对于随手可得的五金废料等，男孩也有着“废物利用”的组合本能，他们的脑袋瓜会从书本、电影里复制出很多“制作蓝图”，再精准地运用手边能拿到的“破铜烂铁”，组合出想象中的实体物品。想让男孩发挥更加优异的空间组合能力，不妨准备几个大箱子，准许他们把收到的破铜烂铁、空瓶空罐、小盒子小袋子、硬纸废纸全都回收进去。

在这些小工匠、小工程师建构梦想世界的期间，你也要暂时对屋子里的乌烟瘴气视若无睹。想看见他们展现创作的快乐与自信，就真的要给予这样的时间和空间。当然，男孩也要为完成作品后留下的凌乱的房间负责到底，只是很不幸，他们通常都不是收拾残局的高手，这时就要像前章所说的，通过引导和练习，让他们养成整理收纳的习惯。

此外，空间感很好、喜欢操作，如果再搭配上一个数学脑袋，这样的男孩更是不容埋没，只要善加引导，或许未来他就是一个优秀的工程师呢。这时不妨让孩子参加机器人的制作设计等需要运用数学程序以驱动机械的高阶课程，让他好好磨炼和发展自己的专长！

巧思妙手，纸盒玻璃瓶变身炮弹飞车

男孩有废物再组合再利用的本能，不妨准备几个箱子，准许他们把搜集的空瓶空罐、纸盒小袋储存起来，以让这些小工匠利用这些原材料建构出缤纷的梦想世界！

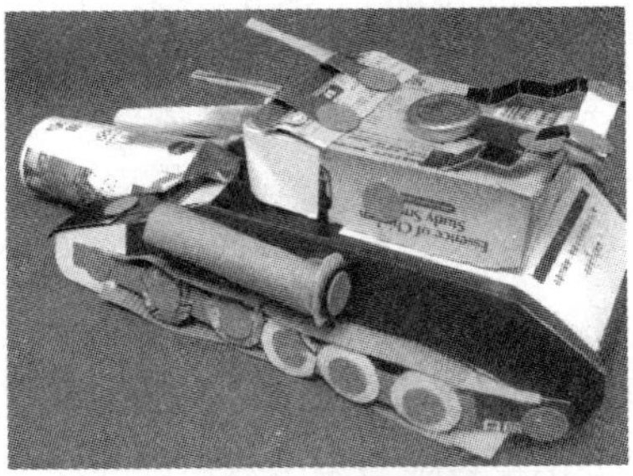

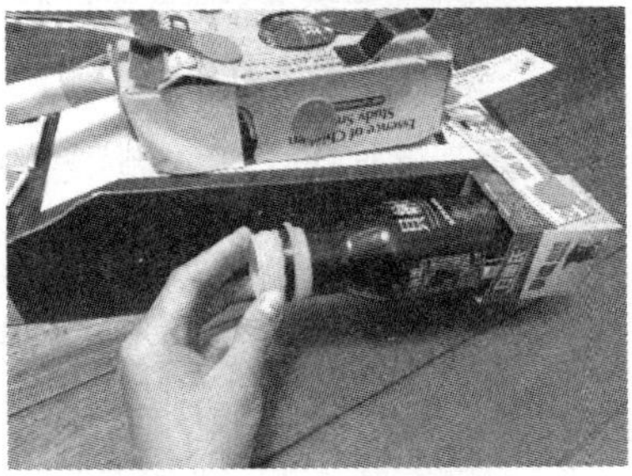

PART 5 电玩与网络

生活数字化 N世代（网络世代）教养有方法

电玩、网络的声光空间特性特别吸引男孩，当男孩沉湎于网络虚拟世界时，父母更要负责引导，帮助男孩善用感觉器官，发现真实世界的美好。对于数码产品和数字信息的运用，则要先着重“信息性”而非“娱乐性”的功能，才能让男孩真正从网络科技中获益。

为什么男孩容易被电玩吸引，可以没日没夜地玩

电玩可以让男孩体验自身优势，却也可能限制其兴趣发展

男性的大脑结构，原本就喜欢亲近有按钮、闪光、图像的工具性环境，也更擅长电玩所考验的空间处理能力。每个人都乐于体验自己的优势，但当打电玩的满足感胜过一切，男孩也可能逐渐对真实世界失去兴趣，其他需要运用语言与思考的学习领域也会受到排挤。

电玩到底有何魅力，让男孩爱不释手

每次参加朋友或同学的聚会，满场跑的都是年幼的孩子，大家几乎都会抱怨，孩子只要上了五六年级，就再也不愿意当跟班了！这一方面是因为孩子自我意识的萌芽，重视同侪甚于家人，还有一个关键的原因：比起参加其他活动，他们宁愿宅在家里上网打电动。

而作为鼓励男孩敦品励学的最有效奖赏，早就不再是实体的玩具，而是延长他们打电动、上网的时间，或赠送电玩软件、硬设备。“打电动”已蹿升为许多男孩做事情的最大动力。除了电玩、网络，男孩渐渐对很多

事物都失去了兴趣，甚至因为过度沉溺电玩，全世界男孩的学习与成就都有普遍下降的趋势。为什么男孩一遇上网络与电玩，总是比女孩更容易沉湎其中？

符合男孩的兴趣——空间能力、图像思考

一出生就被数字信息产品环绕的N世代、i世代，使用网络与数码产品似乎成为一种必备的能力、一种毋庸置疑的生活方式。网络成为男孩的主体生活空间，更是男孩最大的动机所在。对于男孩来说，数字时代所缔造的生活、工作与娱乐新模式，的确迎合了他们天生的优势，其中又以电玩所带来的影响最为明显。

据调查，在玩在线游戏的人口中，男性占68.9%，女性占31.1%，男性玩家为女性的两倍；而以年龄来看，11岁至34岁者共占81.9%，其中15岁到24岁更是高峰年龄层。由此可见，15岁到24岁的男生是参与在线游戏的主要人群。

研究两性的畅销书作家亚伦·皮斯指出，男性因为天生的独特的大脑结构，要比女性更倾向于亲近有按钮、零件、闪光、图像等工具性、系统性的环境。放眼望去，排行榜上最受欢迎的电玩大部分都包含“在极快速的视觉刺激中辨认物件”的元素，这正是属于“空间处理能力”的考验，而男性在这方面天生优于女性。每个人都乐于体验自己的优势，而男孩更容易沉迷于快速累积分数的成就感，这就是电玩会吸引男性的主要原因。

避开男孩的弱项——言语沟通、人际互动

在人工设定的电玩环境里，男孩们可以避开感觉取向、情感流露的领域，不需要使用太多复杂的言语沟通，也无须与人深度互动。玩家只管闭上嘴巴或针对游戏情境做简单的回应即可。

对于人际间琐碎的互动兴趣不高的男性而言，网络或电玩既具有最符合他们兴趣、让他们发挥所长的元素，又能避开他们最感吃力的部分，难怪一钻进其中，他们就如同走入桃花源，稍不留神就走火入魔、玩“物”丧志了！尤其中小学男生正处在心智未臻成熟，人际互动和情感语汇最为贫乏的阶段，电玩或网络无疑是为他们量身打造的娱乐环境。

很多中小学男生最盼望的事，就是能不受任何干扰与限制，自由自在地打电动、上网。根据相关调查，有高达一半的初中、小学男生，最常从事的休闲活动就是上网和打电动，而且早已超过和朋友面对面的聊天、游戏的时间，更遑论阅读。

抓住男孩的梦想——目标导向、化身英雄

男性都有英雄情结，而在各类电玩中，“角色扮演”的游戏最受青少年喜爱，这是因为并非每个男孩都能在现实中成为人人崇拜的英雄，甚至也少有机会体验到自己排除万难的体力、智慧与才能，但在电玩世界里，即使是矮小瘦弱的男孩，也能因为投入大量时间累积经验，从而成为发号施令的狠角色。他们可以通过重复而大量的操作练习，熟悉过关斩将的技能，不断开机、关机、上线、下线，自行决定继续累积功绩或快速脱离难堪的战果。无论是屠杀恶龙、行侠仗义、拯救美女，还是与别人并肩作战、攻打一个盖世帝国，都能让男孩体会到自己与生俱来的勃勃野心、雄性战斗力与攻击力。

直到近几年，电玩界才比较照顾到女性玩家的需求，开始推出适合女性的电玩。即使如此，电玩仍被称为“男性的游戏”，毕竟女性对于竞争或是当英雄，本来就没有太高的兴致，如果想要宣泄心情，不如找个知己面对面地畅所欲言。而抓到目标努力向前、奋勇拼斗，才是男孩忘却压力、找到平衡点的通道。

此外，我们可以明显感受到，电玩游戏里潜藏着许多性别不平等的意识，大部分的男性角色都具有强大的能力，可以解除难关、济弱扶倾，而且有很多游戏都是以女性被劫持或亟待男性救援为故事情境，这更是令小

男孩和大男人都无法拒绝的设计。只要是能够满足英雄情结的情境，必然就会会聚各式各样、各行各业、各个年龄层的男孩与男人！

男孩打电玩可以让他的反应变快，让他变得更聪明

电玩、网络如一刀两刃，有利也有弊。现在的电玩游戏加入了很多丰富多变的故事情节，加上大荧幕的磅礴气势和逼真画面，可以让玩家置身真实世界中绝不存在的震撼场景、担任梦寐以求的伟大角色，玩家的反应模式和心理需求都能实时获得满足。

游戏中一道道设计精密的关卡，正是考验玩家反应度的最佳手段，有专家认为，玩电动可以提升反应速度和解决问题的能力。目前许多电玩的设计是架构在引人入胜的故事情境里，有多线的发展可能，非常考验玩家的策略选择与运用能力，因此“打电玩”的单一机械动作必须以精心的布局推演为基础，还要跟其他玩家并肩作战，才能成为最终的赢家。

然而，探讨男孩问题的《浮萍男孩》（*Boys Adrift*）一书提出了一个很好的问题：虽然电玩男孩在面对电玩游戏时，其按键的反应速度确实比一般人更快更准，但这样的反应能力，对于日常生活、学习态度有没有实质的帮助？对身心健康与成长发育有无提升的作用？

要回答这些问题，就必须进一步搞清楚：所谓由电玩训练出来的敏捷反应和实际生活中需要的问题解决能力，这两者的相关性到底有多少？

电玩的训练，只着重于眼睛和手指的反应联结

根据大脑及运动神经的运作理论，每一根手指、每一块肌肉都是由不同的神经作为传输管道的。而我们都很清楚，大部分的电玩只需要使用特定的按键，也就是只要训练自己快速启动特定的手指头，就可以成为优异的玩家，其运动模式几乎是固定的、重复的、机械的，就像练习乐器一样——是不断在做固定的“刺激—反应”的手指训练。

这是在学习一项新的操作方式时，从生疏达到熟练的必经过程，数以万计的重复练习，最后必定会变成“自动化”的反射动作，大脑的联结回路也因此变得非常固定。**打电动到底会不会使人的反应变得灵敏？以“自动化”的形成理论来看，答案毋庸置疑，但我们必须要清楚的是：由此所增强的“刺激—反应”能力，仅限于“眼睛与特定手指”之间的反应联结。**

一项研究结果指出，常打“动作型”电玩的大学生，在极短暂的视觉刺激中所辨认出的物件数目，比不打电玩者多出50%，获取信息的速度也较快，也就是视知觉能力更强。然而，电玩高手在真实世界中的表现又如何呢？

让人跌破眼镜的是，他们增强的视知觉能力未必会反映在生活与学习中。几乎所有的研究都显示，沉溺于电玩的学生，学业表现明显较差，这除了受时间排挤效应影响，更重要的因素还有：**达成良好有效的学习所需的能力，并非只是视知觉反应快，更不局限在“眼睛与特定手指”的反应联结。好的学业表现需要“阅读思考与理解力”及“沟通表达能力”作为支撑，这些都牵涉到广泛的文字理解及运用能力，这都是电玩训练无法达成的。**

学习需要养成多元能力，而不能只靠反应灵敏

学习包含的方面非常多，如语意理解、文字运用、逻辑思辨、耐心的演算与验证、反复的记诵等，而这些方面都是电玩游戏训练无法达成的。即使电玩已经不断加入策略运用的选择，但是多数电玩仍特别着重于手指控制按键的快、狠、准，即反射动作的精熟训练。

如果一个孩子把太多时间花费在这种单一能力的训练，其他需要冷静思考、语意表达的学习领域不仅可能被排挤，脑神经的回路也可能被制约固定。

有人曾做过一项实验，让12位19岁至25岁的年轻人打电动，在30分钟

的火拼厮杀后再送他们去做断层扫描，监测他们的大脑血流。结果显示，打电动之前，受试者的前额叶还有血流，还能思考事情；但是刚打完电动时，血流明显下降，脑袋已是空空如也。可见过度沉溺于电玩，不只有时间上的排挤效应，更有体能与脑力上的排挤效应！

“电玩脑”渴求立即反馈，可能折损耐性和思考力

在电玩中破关所需要的基础能力是：反应快、眼力好、手指灵活，接受刺激时能立即反应。而玩家之所以沉迷其中，正是因为能得到立即的声光反馈，马上拥抱零时差的成就感，于是就愈玩愈亢奋，最终深陷“快速刺激—立即反馈”的循环中，怎么样都停不下来。

长时间接受这种“快速刺激—立即反馈”的训练，会让男孩愈来愈习惯于立即的满足，不耐烦需要迂回、等待和坚持的处事过程。对于这样的脑袋，有一个新的称呼叫“电玩脑”，其思考、态度、反应模式均逐渐被制约，语言能力荒废，主掌思考与理解的大脑区块逐渐降低活动力，甚至主导冲动、情绪的区块也会受到影响。此外，如果从年幼时期就让大脑习惯了快速变换的闪烁画面、丰富刺激的声光效果和时时紧绷的行动节奏，孩子会愈来愈无法耐心完成对感官刺激较少、需要深入思考的课堂学习或家庭作业。

真实生活可不是只靠一个按键，就能完美应对

大部分电玩的游戏形态，都是要快速地搜寻、对准目标，然后用虚拟武器立即进行杀戮和歼灭。杀得愈多，就赢得愈多；赢得愈多，就愈能增强玩家攻击的兴趣！长久浸淫在这样固定的反应模式中，会对男孩造成什么样的影响？男孩处理问题的思考能力又会被塑造成什么样子？

有专家说：“网络游戏较偏重速度而非知识深度，甚至不能看成体育活动。”**在真实世界中遇见难缠的对手，可不是弹指一点，就能有一把炫目夺人的光子鱼雷自动闪出，让你在数秒内歼灭对方；对付敌人的方法也**

不是只有对抗与攻击，还有谈判、怀柔、和解的可能性。我们在处理生活中的各种问题时，经常会有无法“量化”的情感面、心理面的考量，甚至需要电玩游戏里绝对排斥的默默观察、耐心等候、冷静推敲，更别说还要考虑到适当的沟通、表达方式，如委婉迂回、字斟句酌，或是要挺身而出为真理正义游说奔走，才能在深思熟虑中拟定出理想的策略。一旦牵扯到微妙的人情世故或人际互动，更是缺乏任何结构化的按钮可供选择，让我们轻易排除其中的困扰。

《浮萍男孩》的作者利奥纳德·萨克斯曾提到过一个有意思的例子——一个20岁的年轻父亲要如何安抚他那哭闹不休的宝贝婴儿？这时，没有键盘可以敲击、没有按钮可以发射，快狠准的攻击能力只会大搞破坏；他最应该做的，就是用“心”去感受一个婴儿的需要，学着哼唱摇篮曲，懂得温柔、有耐性地安抚小婴儿。同样的，当男孩长大成人，他又要学习如何与另一半相处，做一个好丈夫。此时在他眼前的不是荧幕或摇杆，而是一个有血有肉有个性的真人；他必须站在对方的立场去考虑问题，学习维系夫妻情感的语言、态度或肢体动作。

无论学习与生活，我们都应该让男孩从小就在各种实际的生活情境中，充分地累积经验、揣摩人性，才能让他们通透事理，奠定良好的工作习惯、养成通达的处世智慧。

妙计81　让孩子在真实世界中积累够多、够好的经验

当孩子还小、还愿意追随我们的脚步时，尤其在他们尚未接触网络、电玩之前，父母绝对要做的事，就是在他们的记忆库里累积够多、够好、够丰富的关于真实世界的美好体验。这样一来，即使电玩、网络将来进入他们的生活，他们也依然可以“收放自如”。

父母对于电玩和网络的监控和限制手段，对自制力尚薄弱的孩子来说，虽然有其必要性，但终究不是最根本的解决之道。会对网络、电玩上瘾的孩子，通常都是在成长岁月中缺乏真正被打动、被感动的深刻经验与完整历程，因此在面对吸引力强大的电玩或网络时，无法在真实世界中找到可与之抗衡的有趣事物。

因此，除了要求孩子遵守“开机、关机时间”，我们更要确保孩子在关机之后能享受到现实生活中的无穷乐趣。父母必须及早做的努力是：先把孩子跟电玩、网络世界拉开，依照他们的兴趣、专长与潜能，帮助他们培养更多元的兴趣爱好，在动静兼具的休闲活动中，找到身心真正的平衡。

到真正的球场好好打球、用力踢球；享受演奏乐器的沉醉与感动；拿出创新食谱，一起下厨练手艺；玩魔术、培养棋艺……总之，一定要让他们运用全身的感觉器官去发现“更好玩的事”，探索这充满各种可能的广大世界，而只把电玩、网络当成休闲的选项之一。

妙计82　养成良好的生活习惯，养成稳固的自律基础

无论孩子是否沉迷于网络或电玩，都应该帮助他们确立生活重心与人际互动的优先顺序。就人际关系来说，我们要常常给孩子灌输一个概念：家人一定是第一位，同学朋友是第二位；如果全家人能一起共进晚餐，此时就一定要让孩子离开计算机，专心和大家一起吃饭。

此外，尽心完成课业绝对比上社交网站、打电动重要。一定要在写完功课并认真复习后，再去上网、打电动。而和朋友互动的方式，“面对面聊天”绝对要优于“上网互动”。孩子还小时，我们还可以通过认真的监控，防止他们过度沉浸于电玩、网络，然而孩子终有一天会脱离我们的羽

翼保护，及早让他们养成良好的生活习惯，以根深蒂固的“价值观”作为“自律”的根基，才是抵挡数字科技致命吸引力的最重要武器。

妙计83 对于自制力薄弱的孩子，可制订相关规则

对于特别容易陶醉于感官刺激、时间感不足的男孩，可制订相关规则，以达到提醒、规定与限制的作用。虽然这是治标不治本的方法，但在孩子刚开始接触电玩、网络时，就一定要做到防患于未然。

限定使用时间：给予再多的时间，孩子都不会满足，电玩的关卡永远没有过完的一天，总是让人欲罢不能。当孩子跟我们讨价还价时，要严格执行关机指令；如果孩子违反规定，可以适当取消他们原有的权利，以示惩戒。上学的日子每天最多三四十分钟，周末或假日可以适当延长到一至两个小时，超出这个范围，就容易干扰到孩子的学习与生活。

为家里的计算机、iPad和各种数字用品设定使用密码：根据调查，孩子最常上网、打电动的地点就是家里。要让孩子养成习惯，一定要在父母的首肯下才能开机、关机，特别是喜欢冒险“偷渡”的男孩，如果不设定密码，他们绝不会轻易放过任何可以上网、打电动的机会。设立密码的规矩，最好在他们一接触数字设备时就开始执行，否则孩子一定会反弹。对于无法自行开机一事，我们家三个孩子不但认同也非常习惯，我想这也是因为一开始就设立规矩的关系，而对于这个规定，我向来严格执行，绝不妥协。

将计算机和其他数字用品放置在公共领域：如客厅等大家都能看得到的地方。

妙计84　让孩子的网络生活，成为亲子互动话题

如果放任男孩自由选择，天生喜欢竞赛与肢体互动的他们，一定会选择攻击性甚至是暴力性的电玩；而好奇心特强的男孩一旦学会浏览网页，也一定会想一窥色情网站。我们可以每隔一段时间就和孩子闲聊他们常去的网站，他们上网都做些什么，把他们的网络生活当成固定的亲子聊天话题。我们甚至应该适时检视孩子的浏览记录，清楚掌握他们内心世界的动向。

我们家的手工小达人凯凯，每次看完电影都会对其中最吸引人的道具产生兴趣，忍不住想要动手做做看。比如看完《达芬奇密码》，就做出了可以转动且设有密码的密码筒；看完《猩球崛起》，家里就真的多了几只手做的毛茸茸的黑猩猩与红毛猩猩……

原来，凯凯把使用计算机的时间都用来搜寻手工制作的图片或制作原理。又因为我对他的作品总是充满好奇，凯凯也总是迫不及待地向我一一介绍他所搜寻到的网页。这不但让我增长了见识，也让我轻而易举就能同步于孩子的网络生活。这让我意识到：网络动态就是整体生活的一部分，真实生活很容易就会反映出网络生活的心之所向。因此，关心孩子的网络生活，并不是只要把自己变成紧迫盯人的侦探，整天提心吊胆地防堵、跟踪；最重要的是参与孩子的整体生活，了解他们平日的心思取向，这样孩子的网络生活就不可能产生过度偏差。

至于打电动，我们也可以玩玩孩子玩的游戏，以彻底检测它是否真的适合孩子玩，例如，是不是以伤害他人作为得分手段？得分方式是否违反社会道德？其中有没有性别歧视？如果孩子愿意，亲子共玩更是不错的选择！用这一代孩子的语言与嗜好，和他们互动同乐，不仅能掌握孩子的动向、和他们站在同一阵线，更可以避免他们向我们关上沟通的大门。

“愤怒的小鸟”从荧幕里跑出来了

体验过电玩“愤怒的小鸟”的魅力后，钧钧研发了3D立体版：自己动手做“愤怒的小鸟”，再用Lasy积木堆成鸟笼、用橡皮筋当弹弓。他说：“这样打比电动还好玩！”

教养手札

现实版“愤怒的小鸟”，更好玩

——现实世界的创作乐趣，连全民电玩都难以匹敌

虽然在我谨慎的考量下三个孩子和电玩的接触程度仅止于“点头之交”，不过“一个时代的来临没人能抵抗！”正如我所说，全面防堵不是办法，给予正面的引导甚至融入孩子的数字生活，才能让他们知道如何享受科技的益处和乐趣，又不会被科技所奴役。

也因此，在全球公民电玩“愤怒的小鸟”（Angry Bird）当红之际，我们家的爸爸也决定主动出击，趁着暑假为三个孩子开设“电玩夏令营”：在暑假的每个周末，如果大家都没出门，就搬出手机、iPad，让他们痛痛快快体验最舒适、不流汗的“愤怒的小鸟”的游戏！

至于三个孩子“愤怒的小鸟”的初体验如何？如果答案是“不好玩”，那我生的肯定是三个怪胎、异类！当然，我们的母子对话是这样的：

“好不好玩？”

“非常好玩！”

“下次再玩吧？”

“明天可以再玩吗？”

“要关机了哦！”

“等一下！”

“等一下！”

“等一下！”……

说实在的，“愤怒的小鸟”比起其他在线游戏的声光刺激，根本是微不足道的小儿科，但孩子们一玩就能轻易上手，一上手就不肯离手，并无特例。我实在无法想象未来脱离我的监督之后，他们一旦接触到设计精细的进阶电玩，怎么可能不如脱缰野马般难以自拔？

要让男孩亲身去探索充满各种可能的真实世界，要让他们只把电玩网络当成休闲选项之一。

三个孩子的电玩初体验和时下的男孩们并无二致，让我脑中敲响了担忧的警铃。孩子之前并未沉迷此道，难道只是因为我一直努力阻止他们相遇的缘分而已？孩子日渐长大，如果不玩电玩，恐怕会和其他男孩格格不入，而接触之后，难道就必然走向不可逆转的堕落宿命？我思忖着，要如何为三个孩子铺好未来的电玩之路……

关机之后，三个孩子又躲进他们从小玩玩具、动手做实验和阅读的真实基地——书房，而且出奇的安静，只听见窸窸窣窣的剪纸声、粘贴声。好一阵子之后，三人欢腾而出，竟然送给我一堆手工礼物……是一只又一只色彩缤纷，纸做的“愤怒的小鸟”！

电玩令人无法抵抗的吸引力，差点儿让我忘记——过去这几年以来的我早就为三个孩子储存了足量、丰厚、美好的真实体验。我心中刚萌生的一点点焦虑瞬间烟消云散，转而渗进熟悉的成就感。

我欣慰，是因为我了解到，他们除却电玩之外，没有忘记真实世界里的精彩；即使声光夺人的电玩魅力无边，终究战胜不了自己动手操作的乐趣！

而在此之后，钧钧还研发了现实版的“愤怒的小鸟”：自己动手做“愤怒的小鸟”，然后用Lasy积木堆成鸟笼，再用橡皮筋当弹弓，亲自解救自己制造的“愤怒的小鸟”。

“妈妈，跟我一起玩！这样玩比计算机更好玩，因为你要瞄得很准，要很用力射出去！”

孩子在真实世界里拥有根深蒂固的探究动机，这的确让我安心、宽心、放心，也是未来防堵界限松绑后孩子自身拥有的最重要的自制动力！当孩子在真实世界里酝酿的基底已经足够，结合了各种精英创新人才所打造的电玩世界将不是游戏的终点，而是孩子用以与真实世界呼应对照的起点。

如何让计算机成为男孩交友与学习的辅助利器

用对了，计算机就是男孩的良师益友

如今的男孩往往以电玩话题作为社交关系的起点，父母要试着跟孩子“信息同步”，才能给予有效的引导。而在孩子尚未开始打电动、玩社群之前，先把计算机定位成工具，让孩子善用其信息而非把它当成纯粹的娱乐工具，也能提升他们对计算机效用的科学认知。

电玩，已成为男孩共通的社交基础

尽管老公从事计算机信息工程，但我一直不支持甚至刻意延缓孩子接触电玩的时间。不过，这些N世代的孩子即使有能力抵抗电玩，但绝对没有能力抵抗“不打电玩”而与同侪格格不入的隔绝感！

每个学期期末考试完，约莫要再过一星期才放寒暑假，这一周就是孩子们到校自由活动、大扫除、一起看电视的“电视儿童周”。既然要看电视，翔翔的老师用心安排了一部好片——《三个傻瓜》，让全班一起欣赏。虽然这部片子长达三小时，但自始至终温馨幽默、节奏明快，丝毫不觉冗长沉闷。即使翔翔早就看过，还是满心期待要再看它一遍！或许是刚考完试，孩子们难以压抑躁动雀跃的心情，影片播放到中途就陆陆续续有人眼神涣散、心不在焉。同一时间，则有一种类似吆喝的声音在渐渐提高，在座位间不断蔓延，那就是——“连线、连线、连线、连线……”班上男生一声声鼓动着、集结着，从星星之火演变成了一股压倒性的势力！（一个学期中只有这么几天能带电玩来学校，怎能不把握？）

男孩们此时终于显露出N世代的新本能，不约而同拿出电动、手机……开始如火如荼地上网、打电动、连线、大车拼！在这个“互动影音＋手指运动”的时代，果真连“绝无冷场”但只能被“默默观赏”的电影都无法胜出，更遑论大考后还想指望男孩老老实实地沉浸在书香世界里！

最后，电影欣赏会就只剩下一部分女孩、老师、翔翔及另外一两个男生撑场面。爱凑热闹的翔翔被挡在多数好友的紧密连线之外，落寞的滋味想必不太好受！

“问题的重点是，你觉得电影好不好看？”我问。

“非常好看！”翔翔回答。

“那自己喜欢就好啦！又不是都没同学在看！”

“我没觉得怎样啊，反正电玩很无聊，我也不想玩啊！”

“哦，是吗？你又没认真玩过，或许你玩了之后也一样，连《变形金刚》都懒得看呢！”

“其实我只是觉得很可惜，这部电影那么好看，而且大部分男生都没在看，我跟一堆女生看，怪怪的！”

或许，翔翔的重点不在于想推荐同学看《三个傻瓜》，倒是话的后半段——怎么跟班上男生做不同的事，没加入他们的电玩大车拼？才是他真正在乎的重点。

我们这一代父母已经很难阻挡孩子进入格斗杀戮的电玩丛林，一个个从真实世界出走的孩子，早已集体在虚拟世界会合。刚开始他们或许是被多彩炫目的声光所吸引而坠入这个丛林，但最后难以自拔的原因已经远甚于此。

敞开胸怀，了解男孩的新电玩社群

青少年最重视同侪关系，尤其男孩之间必定是“志同”了才能“道合”，而道合之后，才可能发展出相濡以沫、义气相挺的情谊。现在的青少年若是志同于在线电玩，最后就会发展成一个个凝聚力超强的社群网络，从共有的电玩兴趣逐渐延伸，发展出特有的沟通语言和相处模式，形成所谓的“青少年次文化”，这是青少年对电玩更加流连忘返的重要原因。

过去的青少年次文化是发生在实体空间——保龄球馆、撞球馆以及网吧，N世代则群聚于虚拟空间；但无论空间如何转换，想从中寻求同侪归属感的本质都是一样的。电玩逐渐发展成男孩在学校或与其他团体互动时的社交基础。男孩们以热爱电玩为起点，从在线的联盟关系到下线后一起从事其他活动，或是以真实生活中的同学、朋友为基础，相约在线并肩奋战，从而成为同仇敌忾的战友。线上、线下的社交团体大致重叠，也让男孩从中找到了归属感。以前，我们很难认可孩子总是关起房门，把自己孤立于真实世界之外；而今，男孩们却可以以电玩展开社交关系，否则很有可能和同侪话不投机半句多。

即使电玩有其负面影响，但我们还是很难让N世代男孩完全和电玩绝缘，而且要试着理解男孩以电玩、网络作为同侪认同基础的潮流，最好还能自己亲身参与，进入虚拟现场，感受孩子与同侪之间的“新电玩文化”。

只是一知半解地批判，绝不可能让孩子敞开沟通的大门，更没有机会找出良方，指导孩子保护自己，以避开网络诈骗、上网成瘾、网络暴力等潜藏的危险。全面防堵也绝非明智的管教之道，反而会换来不可修补的亲子决裂，血气方刚的男孩很可能因为失去了他们最重视的同侪归属感，以致缺乏寄托的重心，从而采用极端的方式来宣泄心中的情绪。

因此，父母一定要先调整心态，开放心胸去了解网络与电玩的发展现状，看清它的弊害，但也要承认它的优势。正如相关教育专家所说："家长应该先试图跟孩子'信息同步'，理解孩子上网的活动、最喜欢的游戏，知道背后吸引他的因素是什么。家长不一定要认同，但至少要跨出善意的第一步。试着了解、接纳，才有改变和沟通的可能。"

引导男孩以计算机为师，展开自我学习

我曾经和高年级的翔翔、凯凯讨论过这个问题——他们是把计算机当成工具，还是玩具？两个儿子不约而同地说："当工具比较多吧！"

的确，随着学校开设计算机课，以及探究事物、整合信息的需要，翔翔和凯凯对计算机的需求越来越大。对他们而言，计算机也成为搜寻信息、解答疑问的必需品。而我其实非常乐见，孩子们以"工具"的角度，来接触这个身份多重、角色很重的N世代生活必需品。

计算机是翔翔的魔术教练，也是档案管理员

例如，对于对魔术重度饥渴的翔翔来讲，计算机几乎成了他的"私人魔术家教老师"，他无怨无悔地将分配到的计算机时间，百分之百地运用于"上网自学魔术"。家中的任何废物、零件，都能因为网络上一个魔术表演片段的启发，被他运用在自己的把戏中。

关起房门来练功一阵子后，接着翔翔就会"出关"，到处生擒活捉家中的闲人来充当他的观众；每个角落都可以是他的表演现场，在成堆混杂为一团的寻常小物中，也一眼就可以窥见他投入、忘我的发挥想象、全心练习的过程。

同时，翔翔还把他无师自通（其实有一位虚拟名师叫"计算机"）所

学会的各种魔术，用PPT汇整成一份脉络清晰、图文并茂的简报档案，并且用数码相机拍下了各种操作步骤，严谨而认真地看待这份专属于自己的最高机密魔术档案。暑假的大热天里，他天天伏案、时时沉思，但始终兴致高昂、神采飞扬。

计算机之于翔翔，是自学魔术的免费导师，是编写记录档案的最佳工具。

计算机是凯凯的化学老师，也是解惑知识库

读了知识漫画《科学漫画王》而深深着迷于酯化反应的凯凯，对校内的科展跃跃欲试，还主动报了名，利用课余时间做各种测试与实验。

凯凯一如往常视我为“维基百科＋私人顾问”，这次他也同样认定我是他永远不变的救星。而一直以来，非常乐于与孩子一起动手一起学习的我，这次却真的爱莫能助，对凯凯一连串关于酯化反应的“为什么”，完全使不上力。比如说：水果的香味成分、花叶蔬果的精华液要如何提炼、如何制作？其中酯成分的化学式是什么？我真是一问三不知。

凯凯只好把这些棘手的问题交给“知无不言、言无不尽”的恩师——计算机。颇有自知之明的我，也很乐意成全孩子，毕竟我的工作领域与能力所及是孩子以及家人的生活，我可不是实验室啊！

一段时间下来，凯凯真的靠着在计算机及网络的帮助下完成了一连串萃取香味的实验。虽然在我这个门外汉看来，他的行径有如“巫师炼丹”般唬人，但他倒是口口声声宣称，自己这照着计算机信息制作的花果精华液“非常正统”。看着他斗志昂扬、煞有介事的模样，即使浴室里的瓶瓶罐罐愈摆愈多，我也不得不默许他暂时破坏洁净的家里，对他这段快乐的实验生涯给予肯定！这段参与科展的经验，不仅让凯凯累积了一次完整的研究历程，更有一个意外的收获，就是让他充分感受到计算机强大而丰富的工具性功能！

计算机之于凯凯，是及时对他伸出援手的知识库，是解除疑惑、指引迷津的必要工具。

计算机是钧钧探究世界的最强工具，也是他的百科全书

而对于懵懵懂懂的小儿子钧钧，他使用计算机常做的事情是搜寻他喜爱的生物影片、图片。

对于日常生活中难有机会亲近的动物、植物，如生长在遥远海域的食虫植物、台湾海域看不到的双髻鲨或者别人所分享的成功饲养娃娃鱼、爬宠的影片等，钧钧都会在亲子共读之后，将好奇心进一步诉求于计算机，以印证书中介绍的知识与现象。

我认为计算机不仅难以取代钧钧对于真实世界的亲近欲望，反倒是推动他必定要往真实世界一窥堂奥的动力。如果不经意在“书”里邂逅了别开生面的可爱生物，他就会马上要我带他进“网”里一探究竟，也因此造就了他亲手饲养动物、栽种植物的特殊爱好，并促成了好几趟全家人的山林海洋农场展馆等丰富之旅。

计算机之于钧钧，是探究真实世界的最强工具！

让男孩把计算机当工具，而不是玩具

我很庆幸孩子在进入虚拟空间、数字作业之始，是先将它们视为“工具”，而非“玩具”；善用其“信息面”的功能，而非“社交性”“娱乐休闲性”的功能。

计算机这个将娱乐、学习、社交、通讯、工作、购物等全数包揽的万能机器，最颠覆人类生活的方面就在于，每一个领域的切换几乎不费吹灰之力，因而可以省去情境转换的时空因素。

人们不再需要把生活切割为一个个不同性质、功能的片段，而是在弹

指按键中就能同时进行好几种不相干的工作——边写企划案边线上通信、边社交边打电动、边看股市边缴水电费，等等。当人类正享受着最能转换自如，也最人性、最友善的数字环境之际，似乎也很容易被及时、互动的影音和图像所捆绑，从而陷入与真实世界完全分离的深渊里。

我的三个男孩，有朝一日都会从我的视线中离去，我将无从管束他们的生活行踪，但是在声色犬马的网络世界向他们频频招手之前，我庆幸自己走对的一步就是：在他们还没上阵打电动、玩社群之前，就先把计算机定位成是帮助他们解惑授业的绝佳工具。

而在更早之前，也就是尚未遇见计算机这位超级恩师之前，我所坚持的第一步——让三个男孩善用感觉器官体验世界、吸收知识、想象创造，应该是更明智、更重要的基石！

至于该如何拿捏尺度，让计算机扮演好同时兼备“工具”与“玩具”功能的角色，孩子和我之间的约定则是：我们70%将它当成“工具”，30%当成“玩具”！

妙计85 把男孩的在线友谊圈，延伸到真实世界的互动中

根据调查，青少年玩在线游戏时，虽可能加入陌生玩家，但仍然多以认识的同学、朋友为主，正如同实体的游戏模式，大部分的男孩也比较乐于和自己认识的朋友结伴参与。因此男孩的线上、线下人际圈几乎重叠，父母并不难掌握他们在虚拟世界的交友状态。

孩子既然能借由虚拟游戏凝聚实质的友情，父母也可以鼓励孩子善用这份友情，除了约定时间打游戏也要约定时间关机，同时相约打球、运动或从事更丰富的活动，甚至一起阅读喜爱的小说或欣赏电影。

打电玩俨然已成为许多都市小孩必备的交友渠道，就如同相约打篮

球、打桥牌或跳舞一样，是相当重要的社交工具。父母若能善加引导，就能让男孩的友谊圈朝更多元、更丰富的方向来发展，而非局限于单一的游戏或社群。

妙计86　巧妙调整上线时间，降低孩子对网络人际的依赖

研究发现，玩家之所以沉溺于在线游戏，未必是因为游戏本身，而是着迷于游戏世界中所建立的人际沟通环境；以“人际沟通”为主要欢愉来源的玩家，忠诚度较高、沉浸感较强，也较难脱离电玩的掌控。因此，发现孩子打电玩成瘾时，断然禁止他接触电玩，会让孩子丧失联结归属感，从而让他觉得孤立无援、顿失所依，所以这不是妥善的做法；合适的做法是巧妙地改变开机时间，以避开多数玩家上线的高峰期，渐进式地降低孩子对网络人际的依赖。

其实大多数孩子在过度沉迷电玩时，都有自我察觉的能力，会感受到生活与学业受影响而挣扎不已。有少部分的孩子能做到自我收敛，另一部分的孩子则可能因为自制力薄弱而照玩不误，但内心深处却常常懊悔不已。针对这样的孩子，则可以借由语言沟通唤醒他们的自我控制意识，让他们自己迫切感受到调整游戏时段的必要性。

只有少部分的孩子，既无法自我控制，更无法自我察觉，这时一定要制订清楚的游戏规则，并且真正落实计算机使用密码、时间与时段的控管限制。

妙计87　把孩子使用计算机的模式，从“多视窗”导向“单一”

网络创造了多视窗的工作娱乐环境，也让大多数人慢慢养成了一心多

用的工作习惯，这将严重影响孩子的专注力发育，从而无法养成深度思考的习惯。因此，父母可以和孩子讨论，要如何规划时段与方法，单一而有效率地使用计算机的文书处理、网络社交或电玩娱乐等功能。

比如，一周五次的计算机使用时段，可以安排两次用于文书处理，两次用于上网社交，一次用于电玩；处理文书时，则可以考虑关掉网络，让孩子专心于一项工作。如果让孩子天天都有权利上网到社群聊天或打电玩，他们很快就会过度依赖网络，甚至出现成瘾现象。

妙计88 让孩子了解：电玩选手不是只有“玩”，更要苦练与付出

自从游戏团队“台北暗杀星”拿下“英雄联盟”（LOL）世界冠军之后，网络上的粉丝愈来愈多。有些爱打电动的孩子还会反驳父母：

“他们都可以休学打电动，为什么我不可以？”

“台北暗杀星”成员之一的陈汇中表示，电子竞技这一行竞争相当激烈，如果不能拿第一，就等于完全失败。而他们赢得冠军并不是偶然，即使知道自己对电玩有挡不住的兴趣，但仍然要历经严格而长期的训练，辛苦的程度绝不亚于运动选手。他每天都要投入十多个小时练习，这不仅需要超强斗志，更需要过人的体力与耐力。

他说，自己也看过很多非常努力却始终打不出成绩的选手，热情被慢慢磨光，最后只能退出，但学业已经荒废了。因此，绝大多数的电玩爱好者，并不是在怀疑声中迈向巅峰，而是在怀疑声中两头落空。因此，陈汇中很认真地建议青少年玩家，不仅要认识到电子竞技的辛苦面，也要对自己的特质与体力有充分的了解，然后再来评估自己适不适合“立志打电玩”，千万别把它当成不读书的借口。

“台北暗杀星”的成功，并不是在鼓励每个爱打电玩的孩子都可以考虑以此为职业志向，而是揭示了一个概念：世界不断在改变，工作的种类也在不断增加，将来的工作可能是由孩子自己所创造的，正如同电子竞技也是21世纪才诞生的新行业。虽然父母必须与时俱进、敞开胸怀看待这样的新兴趋势，但孩子真要投身此业，不只是要大胆做梦，更要对自己负责，先要评估自身的性格与能力是否真正适合。

何时给孩子买手机比较恰当

约法三章，
让男孩安全使用手机

其实，很多孩子并不像我们想象的那样叛逆，当我们愿意和孩子共同制订使用规则、让孩子习惯合理的监督，他们就会合理地使用手机，毕竟孩子要能“自律”，多半都得先从严格坚持的“他律”开始！

手机使用不当，也可能妨碍孩子的身心发展

手机也是现在的孩子最常接触的通信媒介。随着智能手机问世，孩子们人手一机也绝非只是为了方便和父母联络，他们一般都是用手机来上网、听音乐、看漫画、玩社群等。

有愈来愈多的孩子过于依赖手机，甚至到了成瘾的地步，只要手机一离身，有些孩子就会表现出孤单、不安或焦虑的状况；“低头族”的年龄明显下降，甚至有幼儿园的孩子也已经沉迷其中。

手机虽然拥有无限功能，可以成为父母追踪孩子的得力助手，父母可以借此了解孩子的动向、安排他们的生活作息，却也可能成为孩子学习、

成长的绊脚石。它的弊害包括：

·干扰孩子上课，让他们无法专注。一旦觉得课程枯燥无味时，孩子就会把玩手机，看漫画、上社群聊天，考试时甚至还有学生会利用手机传信息作弊。

·排挤掉其他有益于孩子身心的活动。孩子有了手机，尤其是智能手机，就可以随时上网进行各种娱乐，对其他活动也就提不起兴致了。很多孩子甚至一下课就玩手机，根本懒得出去活动筋骨，造成运动量不足。

·让孩子遭受不良信息的干扰。根据调查，有30%的青少年曾经接收过色情电话或信息；41.9%的青少年接过诈骗集团来电；有高达62%的青少年半夜也不关机，信息的传播无边无际。

·孩子会借由手机相互比较、炫耀，加深他们的虚荣心。

·长期使用耳机通话或听音乐，会对耳朵健康造成伤害。

·手机的电磁波会伤害中枢神经。这一点已经有非常明确的研究结论可以佐证。尤其儿童的皮肤与头盖骨都比成人薄，吸收电磁波的比值也更高，过度吸收则会导致头痛、头昏、睡眠障碍、记忆减退，甚至可能致癌。

拿捏手机的使用分寸，别让孩子太早成为“低头族”

鉴于手机的不良影响，有些国家或地区已开始禁止未成年人使用手机。例如，英国建议家长不要让16岁以下的孩子使用手机；法国也因为手机的危害尚难评估，考虑禁止12岁以下学童使用。

由于我自己在家工作，孩子的学校又在附近，步行即到，而且沿路都有爱心导护，所以一直到孩子上了初中，都还不觉得有迫切使用手机的需要。如果在学校真的有急事，孩子已经养成向老师报告或是跟老师借用手机的习惯，孩子自己也未曾提出想拥有手机的要求。所以，如果家庭状况也是跟我类似的话，我的确不鼓励父母过早让孩子拥有手机。

假如妈妈是职业妇女，或是孩子已逐渐长大，能自行上下课或是去上才艺班、补习班，那就一定要让孩子随身携带手机，以掌握他们的行踪。不过，让孩子拥有手机的目的是为了互相联络，所以只要具备拨打、接通等最基本的功能即可，功能齐全的智能手机对孩子来说绝对弊多于利，只会助长他们快速变成“低头族”。

妙计89　申请社交网站账号，父母要尽到把关责任

孩子如果要申请社交网站账号，父母一定要注意：

- **申请之前先建立使用家规。**例如，规定使用时间；不可禁止家人加入；不可加入陌生人；不可以责难朋友、攻击他人；不可以说脏话。要根据孩子的个别期望与家庭状况，订立一套有效管理的家规，并明令违反时的处置方式，如禁止使用等。
- **写作业与读书时，不要同时登录社交网站。**
- **加装监控软件的举动一定要让孩子知道。**如果孩子怀疑我们在掌控他们的网络动向并且发现是我们偷偷加装了监控过滤系统，反而会迫使他们关闭沟通渠道，甚至逼使他们把网络活动转为“地下化”。
- **成为他的网友，但不要发言，更不要在社交网站上说道理或是教训他。**尤其对青少年来说，这会引发他们的反感情绪。
- **发现孩子在网络上有不当言语、贴文与行动时，请不要立即反应、或是反应过度。**务必要沉住气，再适时出手，否则“善用网络”的美意会完全被破坏殆尽。
- **如果要监控他们的账号密码，最好是针对年纪较小的孩子。**如果孩子已经上高中了，这样的做法可能会让他们觉得不受尊重，而私下进行网

络活动。

• **不断提醒他们贴文之前务必三思。**因为不适当的贴文，如攻击别人、公开别人隐私、耳语相传、转贴小道消息等，都有可能引起误会而影响人际关系。

• **不断提醒孩子要用严格的尺度来保护隐私。**包括不公开个人基本资料、不加陌生人，以免个人基本资料泄露等。

• **提醒孩子不要相信网络上所有的信息与照片，避免以讹传讹。**尤其是夸大的照片、危言耸听的消息，切勿转帖。

妙计90　用具体的行动守则，减少手机的负面影响

• **提供给孩子手机之前，先制订明确的使用规范。**包括使用时间、关机时间、电话费额度、超额处置方式（如暂时停机）、保管维护方式，甚至要教育孩子该以何种态度面对不良信息。例如，只提供基本功能的简单手机可以这样规范：

（1）“非紧急电话”绝不轻易拨打。

（2）每通电话不可超过5分钟。

（3）晚上回到家里时，暂时由父母保管手机。

（4）睡觉前绝不允许带手机进卧室。

（5）绝不帮孩子付超额电话费。

（6）不接听未知来电。

（7）在课堂上和公共场合要调成静音。

· **尽量延后使用手机的年龄。**根据调查，大多数家长认为13～16岁开始使用手机比较恰当；甚至有家长认为，17岁以上才适合拥有手机。上班族父母可以通过学校的老师等来追踪或联络上小学的孩子，在孩子的自制

力与物品管理能力均未成熟的状况下，过早提供手机反而会助长他们养成依赖手机的习惯。

· **面对面的相处与沟通最重要。**父母一旦习惯用手机和孩子联系，有时候会误以为自己已经尽力关心孩子。事实上，任何沟通都比不上面对面的相处与交谈。

· **明定全家的关机时间。**比如用餐时间、阅读时间，全家都要关机，既不使用手机，也不使用计算机、iPad，每个人都要全心投入家庭的团聚时光，彼此倾听、互相关心。

· **父母要以身作则。**想训练孩子的节制力，必须先从本身做起，带动全家人养成良好的手机使用习惯，如必要时才使用手机、长话短说、选用普通款手机即可。

PART 6 阅读与写作

让男孩爱上书本 写出无边想象

男孩的写作和阅读兴趣也同样受到大脑驱力影响，喜欢探究真实知识、乐于冒险幻想以及热爱图像声光的刺激。把男孩喜好的题材当作敲门砖，善用漫画或电影来引导，让他们由浅入深、由图到文，从小养成阅读的习惯，再用视觉或思考引导，鼓励孩子从说到写、抒发感想，男孩也会变成手不释卷、奋笔疾书的小才子！

为什么男孩都爱读知识图鉴或百科全书

生活在哪里，男孩的阅读就到哪里

男孩喜欢观察、探究事理，当他们能通过具体明确的图片和解说，充分去体验“格物致知”的过程，才能真正感受到阅读的功用与乐趣。例如，因为喜欢植物而开始研究图鉴，再将书中知识活用于实际栽种，这种生活与阅读交互为用的过程，将大幅提升男孩亲近书本的动力。

男孩不爱阅读？我家三个孩子可是从一岁起就天天抱着书猛翻，而且是不厌其烦地翻！最后书本还被翻得支离破碎，显见其爱书程度。破损最厉害的一本甚至还裂成了三部分，即使我用胶带再紧紧粘回去，还是不敌孩子们的“粗暴”爱意，而更为可观地分裂下去。

这本命运多舛的书就是《高速列车》，以英文介绍世界上的高速火车，在孩子三岁左右时几乎成了我们亲子共读的“开胃菜”。每当阅读时间一到，宝贝们就要我先把每一列重要火车的介绍读过一遍，日复一日、乐此不疲。我一边读，一边听见孩子化身为高速火车，开始自动配起音来——“咻——咻——”。等到每一列火车都在小脑袋里疾驰过一次，他们的阅读细胞才正式活跃起来！

男孩爱看百科，是因为可以享受观察、辨识的乐趣

如果没有刻意引导，我那三个男孩在学龄之前，很显然一定会选择有真实图片、偏向知识说明类的百科、工具类书籍来阅读；他们三岁时还曾经迷上每一页翻起来都差不多的世界国旗书、交通标志书。

以蒙台梭利的教育理论来看，孩子在成长过程中的特定时期，都会具有某种突出的感知力，并能自发地从环境中寻找发展这种感知力所需的元素。而我们家的三个孩子都曾经历过一段非常明显且为时不短的“符号”爆发期，对于各式各样的符号、标志或logo有着难以言喻的着迷。

于是，他们每每在摊开国旗书或交通标志书时，就会专注、仔细地观赏每一个形状相同、但图案互异的符号，自动且有效地采用自创的神秘方法加以比较、分类与记忆。这些无师自通、也绝不需要外力胁迫的快乐阅读经验，让我对“孩子是如何展开自发性的阅读与学习”感到非常好奇，也让我开始留意小男孩的阅读偏好。

街坊邻居的妈妈们，也不时会分享类似的经验。一走在路上，她们家的小男孩就会展开“阅读汽车”的趣味探索，观看每一部车的厂牌、logo和车型。每个妈妈一谈起自家这眼尖的观察家时，总是双眼发亮、满口惊叹，仿佛要相信自己的宝贝是个小天才了。而我则深深体会到，原来不是只有我家的三个孩子，世界上还有一大堆天生的观察家，也正享受着“图案式阅读”从辨识到归纳的自我训练乐趣。

真实存在的事物，才会引发小男孩的探索欲望

每当我想引导孩子先选故事绘本来读，但他们都会这样回答：“故事都是假的啊，我比较喜欢看真实的东西！”

原来，能打动小男孩的先决条件就是——真实存在。

即使开始接触文字，在共读完一本本故事精彩曲折的绘本之后，小心肝就算听得柔肠寸断了，他们还是不忘问一句："妈妈，这个故事是不是真的？"

男孩天生就是喜欢观察物体、探究事理，那些能够帮助他们理清物体的静态结构和动态运作的信息都是他们会主动想去吸取的信息。这也是为什么真实、精确、高分辨率的图片，往往最能激发他们的阅读兴趣。

我们或许会主观地认为，图片对孩子的帮助不如文字，没有生命的图片对孩子的思想不会有好的启迪、开发效果，因此往往会在潜意识里期望扭转孩子的喜好，催促他们快快开始阅读文字或是有着起承转合情节的书籍，以推进他们亲近文字的速度、增加字词的储存量、强化感知体会的能力。

然而，在一张张没有半点儿喜怒哀乐的信息图片、一段段平铺直叙的说明文字中，孩子们真的得不到任何感动吗？当我从陈年皮箱里翻出几十张他们小时候一画再画——就像复印机在复制的国旗图案、交通标志的手绘图时，我敢说当时他们的心中，必定满溢着无可言喻的充实感、兴奋感。一张张我们觉得枯燥无趣的绘画，其实就是他们享受阅读的最好证明。

现实和书本互相印证，让男孩读得更起劲

男孩天生就很享受分类、归纳与推演的过程，当他们能通过真实具体的图片、条理分明的解说，充分去体验"格物致知"的过程，才能真正感受到阅读的功用与趣味。

我最深的体悟来自我们家的钧钧，他的小男孩阅读模式也最为典型。

学龄前就喜欢"拈花惹草"的他，最爱翻看满是生动图片的植物书籍。我先生年轻时收集的压箱宝——"台湾自然观察图鉴"系列，几年来乏人问津，早已泛黄变形，钧钧却一本一本翻出来，如获至宝。

“妈妈，帮我念念看上面写什么？”还不会认字的钧钧总会要我坐在他身边，眼巴巴恳求我念完所有的图说和内文；对于自己特别感兴趣的植物，他总会一脸不满足，表情狐疑地问我：

“妈妈你真的念完了吗？没有别的了吗？”

每天上下学的途中，钧钧特别喜欢观察路边各种不知名的野花野草：酢浆草、车前草、羊蹄甲、指甲花、马樱丹……一旦发现没看过的会回家翻书找答案。在书中看到什么奇特的植物，他也会到公园特意寻找与书中相对应的植物。这就是钧钧最为享受、收获也最多的阅读模式，这也是男孩从追求真相，进而养成阅读习惯的惯常过程。尤其当钧钧明白书上各种可爱的奇花异草，确确实实都存在于这个大千世界时，他探索的欲望就愈加炽烈。

一次又一次的共读经验，不仅让我了解了小男孩的阅读偏好，更让我深知要启发孩子的思考，就更要抓紧他们自己提出的“为什么”。他们充满遗憾的表情绝对不是阅读的句点，而是非常明显的信号——他们还想知道更多，还想得到进一步的信息。我们绝不能白白错过这样的机会，而是要帮助他们更上一层楼，展开更多的延伸阅读。

阅读的惊喜有多大，孩子迈开的脚步就有多远

钧钧大班时最喜爱的一本书是《食虫植物》，这是一本适合大人阅读的图文书，在每天共读时，他一定会要求我念个几页给他听。当然，阅读“食虫植物”的起始点并非是在翻开书页之际，而是早在钧钧开始对食虫植物产生好奇的那一刻！

小男孩更乐于享受动态的阅读，当钧钧随着书本阅读拓宽了对食虫植物的了解，我们家的窗台也发展成了一个“食虫植物观察小园区”，他每天最大的乐趣，就是在客厅的窗台观察它们的生长变化、捉虫方式、消化

状态……只要在书里看到一个崭新的品种，钧钧就会千方百计催促我们找到这种植物。

各大花市的摊位是他假日最向往的乐园，从不买玩具的他，更是宁可把辛苦累积的奖金换成一盆盆奇特有趣的食虫植物；而每到幼儿园的玩具分享日，他总是让心爱的植物轮番出场，甚至因此带动同学开始栽种食虫植物呢！

钧钧这样的阅读模式，一直从植物扩及动物，当他阅读的书籍从植物百科图鉴跨向动物知识书籍时，也代表着他的生活经验与知识触角随之拓展。生活在哪里，阅读就到哪里；阅读的惊喜有多大，迈开的脚步就有多远。钧钧养乌龟，就读两栖爬虫类的书；与可爱的娃娃鱼一见钟情之后，就拼命研究河豚类书籍；一旦愈读愈有兴趣，就忍不住养几只娃娃鱼、河豚鱼来玩赏；当他的目光每天随着小鱼游来游去，想探索的知识领域也不知不觉就扩展到更大的领域。

以钧钧这样的例子来说，**书本的内容能在日常生活中找到具体的观察对象，观察到的结果也印证了书中的知识，这样的阅读方式更符合小男孩热衷于观察现实、追求真相、动手操作的天性，也是让他们为了解答疑问而能自发性接触文字、翻读书本，进而爱上阅读的完美模式**。更重要的是，这种阅读与生活的结合，不仅能造就一个乐于亲近文字、享受书香的男孩，更能培养一个在生活中随时观察、发问、思考并将书本知识活学活用的主动学习者！

妙计91　妈妈要抛开自己的偏好，融入男孩的阅读模式

书本和生活交相为用的动态阅读模式，可以大幅提升小男孩亲近书本的动力，而一旦爱上这样的过程，他们就会把阅读视为生活中很重要的一

部分，一个不断在书籍中搜索答案、寻求学习材料与乐趣来源的男孩，也就此诞生。而这样的阅读感知经验，往往与女性大异其趣。

因此，如果想成为男孩的共读好伙伴，妈妈们必须先抹去自己预设好的阅读模式，培养全新的习惯，乐于和男孩一起咀嚼实事求是的求知况味，充分融入他们的阅读世界。在这个过程中，我们会发现自己不只是孩子的阅读引导者、补给者，也是受益者。

我得承认，关于自然科学、动物植物等知识领域的阅读经验，我完全是追随着孩子的阅读过程才开始累积的。三个孩子主动涉猎的书籍几乎与我的前半生无缘，但打从他们进入我的生命，我却因为他们迥异的阅读偏好而渐渐贴近真实世界，自己的“左右脑”才因此获得平衡，生活面也拓展得更为宽广。

陪伴三个孩子的亲子共读经验，实在带给我太多惊喜，其中最具代表性的包括：工具介绍书籍、武器大观书籍、食虫植物书籍、鱼类图鉴、鸟类图鉴、科学漫画等。每一次经验也都能牵引出孩子们高潮迭起的学习热潮！男孩这种迥异于女孩、活跃而动态的阅读历程，实在需要、也很值得妈妈及女性师长们细细感受，并试着调整自己的阅读兴趣，与他们一起“亲身体验”，保证你会有满满的收获！

教养手札

为什么幸运草的花长得那么高

——让孩子为我们导读这个世界

观察孩子是父母最重要的工作与责任，也是最有趣的事！在成长的每一个阶段，我家的三个孩子都像是浑身散发光与热的自转小星球，快乐地转个不停，生活非常带劲。我很少质疑他们的自我选择，而只是努力打开眼睛和耳朵，留意他们提出的问题和需求，然后补给资源、营造环境，帮助他们打开正确的闸门，体验自己的潜能。而我也总是不断发现孩子制造的惊喜，甚至“反主为客”，在他们带领下阅读出自己的另一个人生。

当观察的对象来到第三个宝贝钧钧时，我一直以为这个小儿子从小耳濡目染两个哥哥的成长路径，必定会成为唯兄长马首是瞻的影子型人物。没想到在幼儿园大班时期，他独特的兴趣与才情就逐渐浮出，在缤纷万象的植物世界里得以充分展现。

面对钧钧的求知欲，我能做的很简单，就是提供给他所需的工具、信息，甚至只是担任不需要经过大脑消化的念书人！每次亲子共读植物图鉴时，他总会请求：“妈妈，今天我们比较有时间，可以多念两页吗？”孩子的热情在哪里，毅力、耐心与理解力就一定在哪里。往往我念完那些艰涩难懂的科学知识，自己都还一头雾水，钧钧就点头如捣蒜：

“哦！我懂了！原来白网纹的格子就像彩绘玻璃，光透过来会有很漂亮的光影，昆虫就被引诱过来了！好神奇啊！”而在这样由兴趣而开始阅读的过程中，钧钧得到的最大益处就是：相关知识储备得越来越多，他也更乐于观察植物的各种特性，并进而思考它们的内部构造与生存本能。

一个温煦美丽的春天，幸运草已悄悄爬满了一大片草原，同时可望见朵朵粉紫色的小花点缀其间。钧钧问我："妈妈，你有没有想过，为什么幸运草的花要长那么高？"

我想不通，甚至根本没注意过，那些跟幸运草叶子离得老远的小紫花就是它们的花啊。

"我当然没想过啊！"

钧钧的回答让我眼睛一亮："你看，幸运草长得密密麻麻的，盖住了整个草地，如果它们的花不长高一点儿、分隔得远一点儿，那么蜜蜂、蝴蝶要怎么帮它们授粉呢？"

钧钧还说："每次我都在想，为什么食虫植物的花朵长得比一般花朵高？它们的花总是往上伸得又细又长，在顶端才开成一小朵。后来我读书才知道，它们虽然吃虫，但也需要靠昆虫帮忙授粉，如果虫虫还没帮它们授好粉，就被它们吃掉的话，那就糟了啊！"

钧钧透过观察、思考而自己获得的答案，让我更加确定：小男孩真的喜欢在"生活与阅读相互为用"的过程中，体验扎扎实实的自我学习。当一个孩子在放学的路上停停走走，忘情地流连在花草间，我应该赶着他去上才艺班吗？ 烈日当空下，当一双小手热情滚滚地握住大手，满心期待想看到美丽的鸡蛋花瓣时，我还能害怕晒黑变丑吗？所幸，我没有错过钧钧迈向绿色世界的起跑点，而如今我更清楚，要如何帮助他快乐地从中自我成长。

下课后，陪他认真地和花草树木打打招呼；回家后，一起坐下来静静观赏食虫植物吃到虫了没有；带着他去各大花市淘宝，跟他一起研究种植的技巧，一铲又一铲的换土、换盆……还有，睡前要优惠大放送，无条件多念两页植物百科给他听吧！ 到了假日，就找爸爸和哥哥做伴，一起到美丽的大自然旅行，或是去各种自然生态展览馆看个够……

通过孩子的眼睛，我重新认识了变化多端的自然风貌，而我想做的，也就是继续专心地观察孩子、陪伴孩子，让他们尽情挖掘生活中的各种可能，为我导读更多我曾经视而未见的世界，朝心所向往的道路神采飞扬地不断前行。

男孩最爱的爆笑知识漫画，如何读到故事又读进知识

漫画读得巧，你家也会有“科学实验王”

男孩喜欢以图像引导思考、以漫画启发联想，再进一步探索事理，这种“动态”的阅读方式很容易让他们乐在其中，轻松跨越耐性的考验。

当你家的男孩总是对文字无感、排斥时，帮助他们选择好漫画来阅读，并适时让他们有效率地吸收内容，也许是一个不错的选择。

用幽默图像包装学科知识，知识漫画大受欢迎

小学男生最爱看什么书？——漫画书！不过现在的孩子真的很幸福，出版商抓准男孩热爱图像和幽默元素的特质，以夸大的表现手法将漫画书的内容扩展到各种知识文化层面，让原本排斥漫画，甚至视漫画为不良刊物的一部分大人，终于和孩子取得折中点，承认这些漫画有一定的建设性，可以让孩子借由轻松有趣的方式来增广见闻，甚至引发对学科的兴趣，而延伸出进一步探究的动机。

比如韩系漫画——“世界历史探险”“科学实验王”“我的第一本休

闲漫画书”“爆笑三国”“封神演义”等系列，都拥有一批忠实小书迷。从中年级开始，特别是男孩，小学生几乎都读过这些书，我们家的三个孩子当然也没有落下。这些书籍的主题几乎都是男孩喜欢的类型——科学知识、神话奇幻、战争历史等，编写手法更是掌握了男孩的口味，夸大幽默、搜奇推理、置入英雄角色，再配上有趣的图像来引导思考，再没有耐性的男孩也能快速上手，因此总是久久占据着儿童书籍畅销排行榜。

一个男孩跟我说，上了高年级之后，课业比较繁重，兴趣也愈来愈广，同学们闲暇时多半约着一起打篮球、打桌球、打电动，很难静下来读书，也早就不再亲子共读。而且男孩之间很少以阅读作为聊天的话题，倒是“爆笑知识漫画”还热门地流传着。

根据统计，多数男孩从青春期开始，的确因为生理上的成长比较偏爱动态活动；而在被压缩的时间下，聚精会神阅读比较厚的文字书，既费时又容易疲累，知识漫画反而成为既可以放松解压又能享受阅读乐趣的另类选择。

科学原理成为故事推演的逻辑依据，正合男孩胃口

例如，“科学实验王”系列在我们家就掀起了一股热潮。这套漫画的题材几乎涵盖小学甚至到初中的科学教育主题，凯凯和邻居的男孩们全都密切关注它的出版动态，企盼着每一次的新刊上市。书中有让男孩忘情拜服的英雄人物、有紧张刺激的科学竞赛，更巧妙地把科学原理融入剧情设计，作为故事推演的逻辑依据，对喜爱探究真实事理的男孩来说，要比虚构的情节更吸引人。

例如，在“酸碱中和”这一辑里，有一段情节描述学校礼堂突然失火，正当所有人慌乱失序时，聪明的主角突然灵机一动，想到用“酸碱中和”的原理来灭火。主角观察到大礼堂的地板全是大理石，成分是碳酸

钙，加上酸性溶液就会产生二氧化碳，于是立即在地板洒上酸性溶液，产生了大量的二氧化碳，就这样如同变魔术般解除了危机！男孩读到这样的故事，无不惊叹连连。

《脑内乾坤：男女有别，其来有自》（*Brain Sex*）的作者安妮·莫伊尔和大卫·杰塞尔（Anne Moir & David Jessel）认为："男人的思想方式在出生前就已经决定，他们是从规则、条码、结构、事情的角度看世界。"男孩天生就喜欢循着逻辑推究事理，找出事物之间的关联性，这一类书籍更高明地把这些素材导入故事情节，男孩的阅读胃口也因此持续高涨，轻松跨越耐性的考验！

过度加料，也可能养成"本末倒置"的阅读习惯

然而，对于这一类知识漫画书籍的阅读，也的确存在着许多迷思。编写者为了先吸引小读者的注意力，以达到寓教于乐的终极目标，会惯常用夸张形式和无厘头的表情动作来呈现角色的感受反应，这样的编写手法也悄悄改变了孩子的阅读走向。由于反响热烈，出版者继续在图像与剧情上加味加料，让原本就喜欢经由图像来理解、思考的男孩们，阅读的视觉口味被培养得愈来愈重，也让人忧心起其中潜藏的危机。

"因为剧情很精彩，所以我第一次看的时候，要是中间有插入一长串科学原理解说，我就会直接跳过去！"一个大量阅读这种漫画的男孩说，刚开始只想赶快扫完整个故事、知道结局，根本没有意识到自己在吸收什么知识。**这就是只会随手翻阅知识漫画的问题所在——如果不再阅读第二次以上，大多数的孩子基本上只会读到无厘头的故事、看到逗趣的图像，辜负了编写者想要借由漫画引领孩子增长知识的良善美意。**

就像饮食一样，这类书籍以"超重口味"快速吸引孩子，而动作派的男孩尤其会把注意力停留在搞笑撒野的桥段上，往往只吃进过量的调味

料，却吸收不了其中实质的营养元素。因此，在吸引孩子打开书本、亲近知识的阶段性任务完成之后，还必须进一步让孩子愿意多读几次、多想一些，知识漫画才有可能发挥教育启迪的功效。

书中的各种知识线索，都可能引爆自学动机

就拿凯凯来说，他因为读了“科学实验王”而燃起高昂的斗志，跟着书中介绍的实验持续练习，所以家里好一阵子都上演着“浴室就是实验室”“厨房兼工厂”等实验游戏。虽然知识漫画常以精彩刺激的科学“竞赛”作为故事主轴，让男孩很容易就憧憬自己也能化身为又帅又酷又聪明的主角，不过反复多次翻阅这套书籍，才是真正让凯凯对科学产生好奇心的关键。因为重复翻阅时，他才能真正注意到夹页里附注的科学知识与实验说明，从而展开更深入的理论探索。

像是读到“酯化反应”时，由于对香味萃取的过程特别好奇，凯凯就主动搜集并阅读了更多相关书籍，甚至还研究起化学元素表。而这个关键点正好出现在开始可以参加科展的中年级，凯凯于是兴致勃勃地报名，一方面想亲身体验“科学竞赛”的况味，另一方面也渴望更完整地理解香味萃取的知识。

凯凯这段美妙的自我学习旅程，可真要归功于知识漫画呢！在我看来，书籍的价值就在于能够发挥启迪效果。一套让凯凯怦然心动而热切追求科学知识的书籍，无论是以文字或漫画呈现，对他的智识成长都有着不可磨灭的重要性，因此，“巧书”岂不更胜于“好书”！

男孩喜欢阅读图像，并且以图像来引导思考，以漫画来启发联想，再进一步探索事理。这样的阅读方式最能让他们感到轻松，从而让他们享受其中。所以在孩子课业繁重时，或是你家的男孩总是对文字无感、觉得排斥时，帮助他们选择好漫画来阅读，并适时提供一些协助，让他们有效率

地吸收内容，确实是伸展知识触角的好方法！

妙计92　鼓励孩子多翻几次，加深对科学知识的印象

回溯起凯凯参加科展的经验，要是当初他跟这些漫画书仅有一面之缘，随兴翻翻故事，他记得的恐怕也就只是那些浅尝辄止的爆笑点，笑完之后缘分就尽了。正是因为我观察到凯凯对“科学实验王”十分着迷，就刻意“设计”了一下，让这套书常常出现在他的视线范围内，让他有事没事就翻着看，这样他才把比较复杂的科学知识一一读完、理解清楚。

几遍读下来，在他脑子里流转的，就不再只是那些科学天才的滑稽表情与故事情节，而是能顺水推舟探索起科学原理的来龙去脉，而且愈读愈有心得，对知识的渴求就如连续剧般一集接一集展开，不曾停止探索。因此，**想让知识漫画真正发挥“开卷有益”的效果，让孩子不仅获得感官上的满足，也能摄取到其中的营养成分，就应该设法鼓励孩子在第一遍看完故事之后，也能进一步去理解书中附注的知识说明，让阅读经验更为完整。**

妙计93　阅读菜单多样化，避免养成重口味

在知识漫画中，以浅层互动为主的“故事”本身可能反客为主，成为男孩目光的焦点，甚至让他们只为追寻这样的感官刺激而阅读。这样的阅读习惯一旦形成，他们就不想再花力气去习惯、接触正统而深入的文字描述，甚至把“超现实”元素当成是阅读的必要“现实”；就像吃泡面一样，吃过之后就迷恋上泡面的特殊口味，以此作为开胃美食的判断标准，对有营养的食物食不下咽。

因此，对于偏爱漫画书的男孩，父母要为他们的阅读菜单做些不同的搭配设计，为他们的阅读资源增加深度与广度。事实上，有很多大家熟悉的漫画，也都是以这样的形式包装来传递知识的，如“魔法校车”系列、侦探冒险故事的经典作品“丁丁历险记”以及历久不衰的“柯南”等，都是喜欢漫画的男孩爱不释手的选择。

妙计94 读完文字版，再用知识漫画来复习

除了“科学实验王”，“爆笑三国”系列漫画也曾一度成为我们家最受欢迎的“厕所文学”。由于孩子们已经读过文字版的《三国演义》，对情节了如指掌，所以常常是随手抓了一本就进“茅房”，随兴翻到任何一个段落都能立即进入状态。与其说是阅读，不如说是想看个“短剧”笑一笑；不是想要搞清楚来龙去脉，而是找机会放松心情。不过也因为常常这样轻松复习，孩子总是对三国的故事与人物耳熟能详！

只是，“爆笑三国”这一类的古典文学漫画版为了吸引孩子，也同样会加味加料，甚至套进现代用语与生活片段，好让孩子更有亲近感，实在难以完全忠于原著。如果孩子是第一次接触《三国演义》，建议还是先读文字版，否则就可能造成误植知识的反效果了。不过，只要善加运用，知识漫画和文字原著还是可以为孩子的阅读造就相辅相成的正面效果。对于比较艰涩、复杂的文史或科学知识，知识漫画可以让孩子在接触正统资料之前先建立基本概念，为将来的理解学习铺路，甚至让他们在受到吸引之后，自然萌生想要探索的兴趣。

同样的，如果孩子已经先读过原著了，比起要他们再读一次文字书反刍复习，通过漫画的轻松带领，他们会更有意愿重温这些知识，还能在不知不觉中更有效率地吸收消化、加深印象。

电影除了消遣娱乐，也能启发男孩的阅读意愿

好看的电影，也能激发男孩的阅读兴趣

对善于处理视觉与空间信息的男孩来说，声光效果十足、情节引人入胜的电影，俨然是最佳的阅读启蒙老师。不管是看完电影再读原著，或是由于对电影故事着迷而开始探求某种知识，都会让男孩萌生阅读的动力！

用画面思考和沟通，是N世代的鲜明特征

科技的宿命，如今已造就了一批对“视觉印象”极端敏锐的超级新人类，这些e化的N世代用画面思考、用画面沟通，他们的大脑环境似乎已被全盘改造！尤其是天生善于处理视觉与空间信息的男性，当今的e化局面几乎都是由他们创造，也是为他们而创造。他们借由声光画面来思考，甚至习惯于以此作为深入任何领域的起点。数字信息、数字教学、电玩、电影、动画、多媒体……团团包围着他们的生活、娱乐与学习。

当我们为这些对声光上瘾的孩子的解读、运用和组织文字的能力远不如我们而感到遗憾时，或许也应该反其道思考，善用这无法阻挡的态势，掌握N世代趋向声光的特性，利用不同的方法引导他们切入各种学习领域。

影像与文字的结合，成为男孩的阅读趋势

男孩们的阅读活动，似乎也存在着这样的有趣现象。在男同学们争相抢读的小说中，有许多正是因为他们先被电影“煞”到，但又觉得意犹未尽，才继续饥渴地搜罗原著来读。例如，中高年级之间流行的《哈利·波特》《达芬奇密码》和《福尔摩斯》；中低年级热爱的《丁丁历险记》《巧克力冒险工厂》和《北极特快车》等。

我和孩子们都很喜欢《丁丁历险记》这部电影，尤其对热爱侦探故事的三个孩子来说，这部电影在满足他们的解谜本能之外，一幕幕令人屏息的惊险场景又在挑逗着男孩的冒险细胞；环环相扣的事件、紧张刺激的追逐，着实叫他们无法抵挡！

看完电影，三个孩子显然还不过瘾，因此我特别介绍了《丁丁历险记》这套经典漫画给他们。对男孩来说，一部引人入胜的电影，俨然就是引导他们阅读的最佳启蒙老师。就是因为电影太好看了，让他们印象深刻，所以他们不由自主想亲近原著，一探究竟，再来彻底回味一番。孩子们看了原著漫画之后，甚至觉得比电影更好看，而且电影剧情只撷取了两个故事，原著则包含一连串的冒险故事，更为丰富多彩，实在值得一读。好好把握每一部男孩喜爱的电影，让声光影像发挥十足的带动效果，让他们从中萌生阅读的动力！

妙计95　温馨动画片，是接触英文故事的好起点

学龄之前，迪斯尼和皮克斯的动画片是三个孩子接触英文故事的起点。孩子们非常喜欢《海底总动员》《超人特攻队》《怪兽电力公司》《四眼天鸡》《狮子王》《玩具总动员》《瓦力》等，我就把这些电影的幼儿英文版书籍找出来。孩子对电影故事的接受度超高，很快就能把

难忘的画面、熟悉的旁白对应到书中的文字上。喜欢重复看故事、听故事是孩子的阅读特性，常常这样重复地念、随兴地读，没多久也就滚瓜烂熟了！

上中班、大班时，凯凯特爱《超人特攻队》，有好几个星期，我几乎天天都要在睡前念这个故事给他听，有时念着念着停下来了，凯凯甚至不知不觉就自动帮我读完了！我真觉得不可思议，原来电影的威力是这么惊人啊！

我曾经在前作中提过《北极特快车》这部电影，全片洋溢着温馨的圣诞气氛，又穿插有火车疾驶的动感画面，甚至运用了虚拟实境的主观体验式电影技术，看着列车加速前进时，仿佛自己也跟着角色们共乘其中，喜欢玩具车的男孩绝对会爱上这部电影。我因此特别买了《北极特快车》的英文版原著来珍藏，这本书里的单词显然较为艰深，不过好看的电影就是有带动阅读的魔力，立刻让孩子卸下了戒备与排斥，每一年圣诞气氛浓郁之际，我们都不忘拿出来回味。而随着孩子的英文程度不断提升，对这本书的接受度当然也愈来愈高！

妙计96　看完电影读原著，是亲近文字的理想模式

男孩们都喜欢悬疑刺激的动作片、科幻片或侦探片，而且从中年级开始，他们对于这类型电影的需求度愈来愈高，往往在看过电影之后，还会进一步产生阅读原著的兴趣。

翔翔在看了电影《达芬奇密码》之后，对于书中错综复杂的宗教背景还是一知半解，就向同学借了原著小说来看。平日阅读起文字书总是耐心不足、阅读能力也属普通的他，倒是因为电影的带动，对于故事情节和人物角色有了基本理解，读起原著自然省去了理清架构的力气，很快就把

四五百页的小说读完。

包罗万象的电影题材，可以点燃男孩的创作热情

会转动且设有密码的密码筒是从《达芬奇密码》想象而来；《猩球崛起》更掀起了涂鸦、手工玩偶和河内塔的创作热潮，男孩的奇想手工成果比电影还精彩！

而原著更为细腻详尽的描述，也让电影省略的小细节得以重现，让翔翔大呼过瘾，也更加体会悬疑小说家的深厚铺陈功力，绝不是两小时的电影能够完整诠释的。从此，阅读文字原著也成了他愿意欣然尝试的选项。

至于“福尔摩斯”，读小说与看电影对翔翔更是发挥了交互作用的效果，读了小说就想看电影，看完电影更想重温小说，于是就这样一本一本地加速度阅读。当然，看过电影之后再读和未看电影之前先读，两者有着很大差别。一旦男主角小罗伯特·唐尼的形象进驻脑海，福尔摩斯的形象也就具体地固定下来，这或许是看过电影再读小说的缺憾，使孩子自己建构角色形象、场景情境的遐想乐趣被剥夺殆尽；然而，声光效果对男孩深具吸引力，透过电影来启动男孩的阅读兴趣，效果真的特别好！

翔翔班上有些阅读能力较佳以及特别爱读书的男孩，也是因为看了电影《哈利·波特》，而心甘情愿地看完一本本厚厚的原著；《猫战士》的小书迷看完书之后也不断嚷嚷着，为什么没有出《猫战士》电影呢？可见男孩已习惯将阅读与影像结合，或是在阅读之外也渴望享受视听效果，这已成为他们亲近故事的最佳模式。甚至，他们还希望借由互动模式亲临现场体验，所以在男孩圈中特别流行的小说，除了改拍成电影，也不会被电玩界错过！

妙计97　动物主角或科学情节，能引发强大的学习力

喜爱探索自然生态的男孩，要是能见着活生生的动物，当然要比只看到静态图文更加兴奋着迷，因此以动物为主角的电影，像是《心动奇迹》《狐狸与我》《再见吧！可鲁》等，小小动物迷钧钧都很喜欢。这些电影虽然没有对应的原著可以阅读，但依然很容易引发孩子的探究兴趣。钧钧每次看完电影，就会立刻去翻阅家里的自然百科和相关杂志，

以了解这些动物的习性生态，而且这些电影多是温馨感人的，也很适合全家观看。

《猩球崛起》这部电影，则引发了钧钧、凯凯研究猿猴类动物的狂热。他们疯狂爱上了猩猩，自动跑到图书馆去搜寻相关图书，一一研究各种猿猴类动物。喜欢以涂鸦的方式记录生活的他们，也开始一张接一张地手绘猩猩，甚至用毛线、硬纸板等材料制作猩猩玩偶，处处流露出这部电影带给他们的震撼与感动，也为他们注入了强大的学习探索力。

电影里还有一段用“卢卡斯塔”（Lucas tower；俗称“河内塔”）训练黑猩猩的情节，而这种有趣的益智玩具竟然也成了孩子的另一个探索主题。凯凯为了要了解片中黑猩猩的聪明程度，用回收纸盒自制了一个卢卡斯塔，而且上网查了游戏规则，不厌其烦地操作与尝试，找到法则之后，还邀请全家来进行智力大挑战。跟随着孩子的研究脚步，我也弄清楚gorilla（金刚大猩猩）、chimpanzee（黑猩猩）、orangutan（红毛猩猩）、baboon（狒狒）、monkey（猴子）这些英文单词所指称对应的各是哪些动物，对它们有了更清楚的认识。

之后我们又一路延伸，阅读了毕生研究黑猩猩的珍·古德的故事，并且观赏了记录她生平的电影《珍爱旅程》，更加感受到猩猩的世界竟是如此丰富广阔。从《猩球崛起》所引发的一连串手工、绘图，以及对动物生态的探索与阅读，着实是三个孩子的一次丰富愉悦的学习经验！

如何帮助男孩开始阅读纯文字书籍

用共读磨炼耐性，读出文字书乐趣

小说多半是在三分之一的篇幅后，布局才慢慢成形，才会牵引人心，所以这开头三分之一的阅读经验，就变得非常关键。我们可以用亲子共读的方式，让孩子先分次、少量地阅读，再加上鼓励与奖励，引导他们按捺住烦躁，一步步随书页行进。

好动的男孩缺乏阅读耐心，要用对方法引导

比起女生，大多数的小学男生对于阅读页数较多的纯文字书，确实比较缺乏耐心。而我们家三个孩子的学习模式都偏向操作型而非阅读型，喜欢通过手动方式来透析事理、整理思绪和记录感受，要阅读有一点儿厚度、多达两三百页的书籍，他们和许多浮躁的男孩都面临同样的问题：因为缺乏耐心，而对文字书望而却步，只乐于停留在图文并茂的故事绘本阶段；此外，阅读速度也不算太快，往往一本书都要两个星期以上才能读完。

而身为妈妈的我，当然殷切期望他们能够尽览一本本精彩好看的小说。只有透过文字的细腻刻画，才能引导孩子深刻了解角色特性；也唯有一定厚度的书籍，才能有完整的铺陈描写，让孩子见识到生动的对话呈现

与情节发展，从敏锐入微的作家之笔中体悟人性、通晓世故。那么，我们要如何启发孩子对文字书的阅读兴趣呢？

我的三个孩子在进入文字书的阅读过渡时期，我的确花了不少心力来引导他们，甚至在接触文字叙述比较艰涩的书籍时，我还会与他们一起读。

虽然低年级的孩子已经能自行阅读绘本，但此时已进入另一个阅读阶段，我还是认真安排了亲子共读的时光，在孩子只能凭文字摸索含义、没有精美的插画辅助理解之际，以热诚的导读者身份提点他们、扶他们一把，尤其要呵护好他们才刚发芽的阅读兴致。

当我们通过各种方法，帮助缺乏耐性、阅读理解力较差的男孩跨越阅读难关、累积更多成功的经验，男孩们或许依然调皮捣蛋、莽莽撞撞，但阅读的能力与耐心都会大幅提升，慢慢读出胃口、读出习惯，甚至还能从偏爱的故事类型中走出来，去接触不同题材的作品。

妙计98　在家中为孩子打造一个良好的阅读环境

为浮躁的男孩打造一个适当的阅读环境，非常重要。我们可以在家里规定固定的阅读时间，关掉电视机和计算机、撇开功课玩具，全家人只能安安静静地以“阅读”作为唯一的活动，共同浸淫于书香中，以整体的氛围来感染、带动孩子亲近书本。

我们可以让孩子选择自己喜欢的书本，但如果想让男孩改善“阅读偏食”的习惯，也可以先挑出三五本优质好书，让孩子从中选择，这也是引导孩子不要轻易错过好书的方式。对于缺乏阅读耐心的孩子，我们可以在这段阅读时光结束后，给予他们一些奖励。像是制作“阅读卡”，每次阅读任务完成后都可以盖章或记点，以换取他们真正在乎的“福利”！

妙计99 以绘图逐渐减少的“桥梁书”，作为过渡读物

小男孩最怕动弹不得，所以看到成堆的文字就心生恐惧，因为这意味着要他们跳跃的大脑冷静下来，只能接受文字摆布，更意味着他们的手脚都得安分守己，不得动弹！

而男孩天生就是视觉动物，图像就是他们思考的依据和产物，从“图画绘本”进入“文字书籍”之际，男孩比女孩更需要过渡性的衔接适应，以协助他们把图像译码转换成文字，并且慢慢习惯图像篇幅的减少、文字篇幅的增加。

有人指出：“6～10岁是孩子从阅读图像进入阅读文字的关键，这个时期若能预备适合的读物，可让图文转换过程更加顺畅。”所谓适合的转换性读物，就是“桥梁书”。这一类书籍的“图”会减少，转为辅助理解的角色；“文”则渐渐增多，且篇幅长短适中，书本不会过于厚重，“读完一本书”的门槛不致被拉得过高，小读者也能顺畅地享受阅读“文字”的乐趣，并且累积阅读的自信与成就感！

妙计100 投其所好，选择男孩喜爱的故事类型

要带领男孩走进文字书的世界，就要投其所好，选择他们喜爱的故事类型。男孩喜欢冒险、科幻、幽默、竞争的故事，因此，福尔摩斯与亚森·罗宾的侦探题材是最佳选择。其他如《所罗门宝藏》《辛巴达历险记》《鲁滨逊漂流记》《金银岛》《野性的呼唤》《白鲸记》《海底两万里》等，这些故事的特性也特别能引发男孩共鸣，开启他们的阅读兴趣。

记得凯凯读《辛巴达历险记》时，对书中描述的奇境十分着迷，还据此画了好几幅图；阅读《野性的呼唤》时，他很同情书中狼狗的境遇，深

深被打动，几番要求我逐字逐句念给还在上幼儿园的弟弟钧钧听，希望弟弟也不要错过这么精彩的故事。而读完《海底两万里》，凯凯则跟我讨论起写“科学小说”的技巧，他认为作者描述的海底世界虽然是虚构的，但很多海洋情境的描述都相当真实而震撼，一定花了很多时间搜集、研读资料。

既然知道男孩们对这些故事有兴趣，我们更要扮演“引读者”，介绍他们认识这类作品，并且和他们一起享受故事，从而帮助他们深深爱上阅读。

妙计101　安排共读，耐心陪他读完三分之一

或许我们会疑惑，陪孩子读书要读到何时？孩子都已经会认字了，为什么不能放手让他们自己读？教养男孩的经验告诉我，如果要这些直想跳跃奔跑的男孩静下来，耐心面对文字世界，真的需要大人持续不断的协助、鼓励与引导。

所以，我总是提醒自己要花加倍的时间与孩子共读，而只要孩子对故事的兴趣被引燃，就可以等着看好戏上场！孩子们最后会如火如荼地卷入三国战事的诡谲风云，正是因为一开始我始终坚持“亲子共读”，等读完了三分之一，孩子就因为被故事吸引，而自动自发地阅读起来，这时我才退居幕后，在一旁欣赏孩子浸淫在美妙的阅读体验中。

大多数小说都是在三分之一的篇幅后，情节布局才慢慢成形，才可能牵引人心，所以这开头三分之一的阅读，就变得非常关键。我们可以用亲子共读的方式，允许孩子一开始先分次、少量地阅读，再加上鼓励与奖励，引导孩子按捺住躁动不安的心，让他们在故事尚无头绪时还是能沉住气，一步一步随着书页行进，一步比一步更想往前走。

当孩子顺利跨越了前面的关卡，对人物特性与情节背景建立概念，故事通常也会开始出现各种冲突与高潮，这时我们就会看到一个专注的男孩，或躺、或坐、或趴，陶然忘我地享受着阅读，而阅读的速度也会急剧攀升！

妙计102　借由同侪影响，带动阅读意愿

让翔翔和凯凯进入文字书阅读阶段的关键要素，都是由班上狂爱阅读的好友所带动。三年级时，凯凯在班上最要好的朋友每节课下课后都在啃“亚森·罗宾”，每每看到精彩处就忍不住跟凯凯分享，凯凯听着听着也被带动，从班上的书柜随手拿起一本来阅读。

说实在的，读惯绘本的凯凯阅读能力很普通，刚接触这种有点儿厚度的书，颇感吃力。他的阅读速度很慢，而且往往读了老半天，对很多艰深的叙述和词语还是不知所云，几乎都是有一搭没一搭地看。然而，每天在学校和好朋友相处，开口闭口谈的都是亚森·罗宾与福尔摩斯，所以兴致来了他还是会不时翻上几页。想不到过了一阵子，整个故事的梗概也逐一在他脑中清楚落定，凯凯就这样不知不觉，跟着好朋友读完了第一本厚度中等的文字书。

翔翔则是在四年级时，开始从有注音的文字书转向阅读没有注音的小说。当时翔翔班上的阅读风气极佳，很多男同学都是“波西·杰克逊”“哈利·波特”“隧道”等的小粉丝。

这些系列作品每一册都多达四五百页，而且字体非常小，对大部分的四年级孩子来说，难度确实比较大。但总是爱凑热闹、不甘被排拒在潮流之外的翔翔，还是硬着头皮跟着大家读，即使速度比不过班上几位重度书虫，总要花好几周才读完一本，但也因为这份机缘，他在中年级就顺利完

成衔接，开始阅读没有注音的大部头字书，读得津津有味！

男孩们都渴望获得同侪的认可，如果班级里能形成良好的阅读风气，阅读成为热门话题，重视友谊的男孩因为不甘落于人后，或许就会被吸引而自愿尝试，这真是成效相当不错的方式呢！

小说里除了故事，男孩还读到了什么

精彩的小说世界，也是男孩的想象天堂

男孩都不爱读故事书吗？当然错！男孩热爱故事书的程度，可能会读到让主角附身！只要挑选难易适中的作品、选择他们愿意亲近的题材，男孩也能在小说里悠然自得，甚至延伸出各种学习创作的新体会！

美国推动男孩阅读运动的重要人物、童书作家约翰·席斯卡（John Scieskaz）长期倡导、关注男孩阅读问题，他还为男孩设立了Guys Read网站（www.guysread.com），他就曾指出：因为男孩的生理发展比女孩晚，读写能力发育较缓慢，所以学校的指定读物要考量男孩的阅读能力，挑选难易适中的作品，更重要的是选择他们愿意亲近的题材，以开启他们的阅读兴趣。否则，很可能一开始就会把男孩赶出阅读世界，而让他们宁愿以网络为家、以电玩为友，让他们错过与阅读缔下良缘的最佳时机！

因此，在男孩开始阅读故事小说类书籍之后，要想让他们保持阅读的热情，还是要先引介一些合乎他们兴趣的作品，让他们以此为入门砖，去领略小说世界的迷人之处，并逐渐扩大阅读视野。而想象力丰富、惯常将生活经验与书本知识联系起来的男孩，甚至会将书中撷取到的灵感延伸成

各种学习创作的新体会！

战争故事：《三国演义》掀起武器研究狂潮

男孩都不爱读故事书吗？当然错！男孩对故事爱不释手的程度可不仅限于废寝忘食，而是真的会走火入魔。

学龄前，翔翔、凯凯读《西游记》读到把邻家小女孩当蜘蛛精，跑到公园里捉妖，还吓哭了小女孩。中年级读《三国演义》，他们则天天以“主公”“丞相”相称，学起诸葛亮大玩计谋游戏，凯凯还自己编了一套图文并茂的“计谋书”。

有一天我整理储藏柜时，更惊奇地发现整整一纸箱的棍棒，棍头上有各式各样用硬纸板和亮光纸制作的武器：剑、戈、矛、戟、锤、叉、斧、刀、弓、弩……应有尽有。三个孩子甚至还有模有样地在家里办了一场“武器大展”，舞枪弄刀，架势十足地上“客厅”亮相，为我们介绍每一种武器！

从关羽的青龙偃月刀、张飞的丈八蛇矛、赵云的青虹剑，到马超的银白盔甲，三个孩子都了如指掌，而且从《三国演义》的故事又一路读到了《武器大全》。凯凯上网查询所有的武器，翔翔也在图书馆里搜寻相关书籍，而钧钧最为幸运，两个哥哥对于武器的心得见解，都在不知不觉中全盘键入他的小小脑袋里。

“武器大展”上演，看看谁的招式最高强

用硬纸板和亮光纸制作的各式中国武器一字排开，男孩们架势十足地舞刀弄枪，从了解历史到研究武器，男孩从阅读中得到相当多的收获！

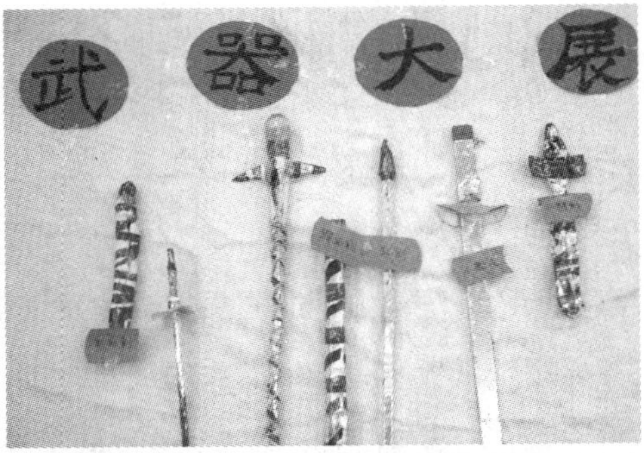

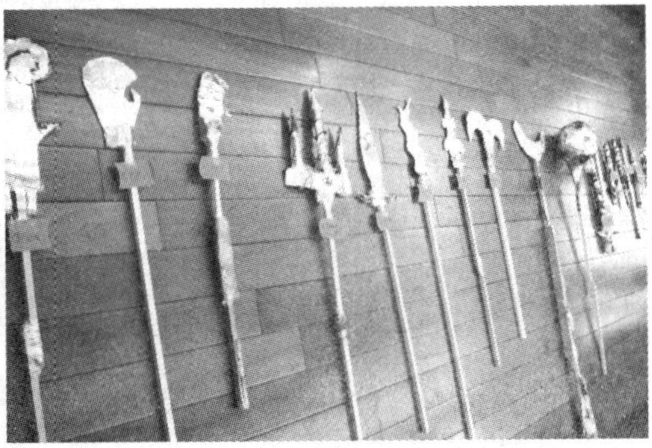

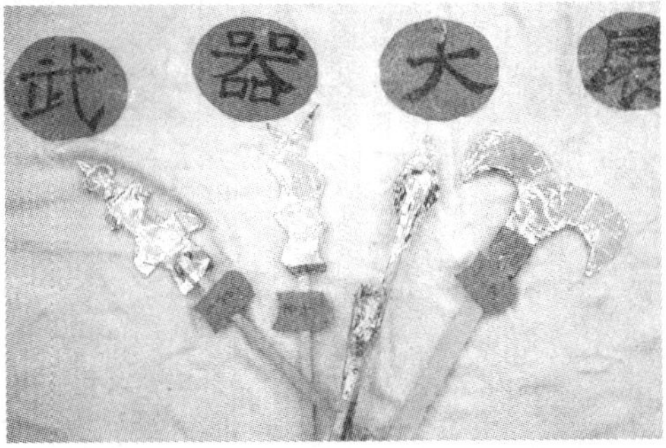

从三国战事进入武器世界

那阵子，家里的每一张画纸画的都是他们梦寐以求的各式武器，每多完成一张，三个孩子似乎就觉得自己又多了几分英雄的豪情壮志，变得也更加壮大了！接着，静态的纸上阅读，又会再度跳跃、翻搅成动态生活的神奇元素……

这股热潮愈演愈烈，尤其是凯凯，又从《三国演义》里介绍的武器继续延伸到更多的武器，他迫切等待着每一个可以获得礼物的机会，陆陆续续跟我换取了三本生硬艰涩的《世界军事武器发展史——飞机篇、坦克篇、潜艇篇》。

老实说，这些书籍真的不是我的“菜”！即使一脸殷切的凯凯只要逮到我有空当，立刻伺机请教，但任凭我再怎么深爱孩子，勉强为他们读每一句话，始终被奇怪的力量挡在脑门之外，就是让我觉得索然无味！然而，小男孩真是我无法理解的奇特生物，无论我如何虚应故事，只要能按照书上写的一字不漏念给他们听，他们就有办法牢牢记住我念的是什么型号、什么年代的武器、坦克和战斗机，似乎他们的脑袋里生来就有一个区块，能快速转译并储存这类信息。

从武器大观读到第二次世界大战历史

从故事类的《三国演义》，到各式各样的武器，甚至因为对武器发展的时代背景产生好奇，我们家的亲子共读也顺理成章卷入了“第二次世界大战”的历史洪流。对于文史，我还是相当有自信的，于是把家里常备的历史工具书翻了出来，抓紧时机跟着孩子还原武器的历史沿革。

孩子的阅读不只是静态的活动，尤其是男孩，我很清楚操作、图像等动态元素都是他们的阅读活动中重要而精彩的部分。制作武器、用图画为武器分类、研究武器和战争历史，这一连串环环相扣的阅读历程，正是男孩独特的阅读与学习模式的真实反映。我从旁引导，但总提醒自

己，绝不用自身的观点来评价孩子所选择的阅读方向。

我甚至进一步引荐了被纳粹迫害的犹太女孩所写的作品《安妮的日记》，让孩子从轰轰烈烈的战争现场冷静下来，走进当时战争受害者的痛苦内心，让男孩不只被战场上的强力武器所迷惑，更要真正感知到战争的残酷！

侦探故事："福尔摩斯"和"亚森·罗宾"触动写作热情

升上中高年级之后，三个孩子也和任何N世代的孩子一样，总是舍不得离开计算机。然而，翔翔、凯凯处心积虑要争取更多计算机时间，可不是为了上网，也不是为了和同学聊天，更不是为了打电玩，而是为了把自己辛辛苦苦手写的几万字侦探小说，逐字打成电子档案。

这股"狂写侦探小说"的热情，也是从孩子的另一波阅读热潮延伸而来。翔翔、凯凯从中年级开始，就爱上了"福尔摩斯"和"亚森·罗宾"系列。福尔摩斯与华生智勇双全，两人互补的个性、深厚的情谊、正派的形象、迷人的风采以及合作无间的破案过程，深深吸引着翔翔；尤其故事里不时穿插着的幽默逗趣的对话，让英雄人物平添了几分亲切感，更让翔翔视福尔摩斯为超级偶像。

凯凯则比较喜爱"亚森·罗宾"系列。比起福尔摩斯，亚森·罗宾更多了奇幻冒险的成分，故事的发展也比较复杂，有时会超越单线的铺陈。另外，亚森·罗宾以大盗身份游走于法律边缘，亦正亦邪、风流倜傥，来无影去无踪，让情节的推进也更为神秘多变。里面那宛如魔术师般的犯案手法，更让凯凯赞叹不已。

这两套作品历久不衰，堪称儿童侦探经典读物，也是最适合男孩的读物，完全掌握了男孩阅读时希望被满足的要素。而翔翔、凯凯也在阅读过程中激发出了更多想象力、创造力，迫切想把脑中的丰富画面用文字表达出来，从而为他们打开了一扇写作之窗。

幽默故事："安德鲁·克莱门斯"校园小说开拓阅读视野

男孩喜欢幽默风趣的故事，从他们低年级之前还在阅读绘本时，这一点就表现得非常明显。

翔翔、凯凯和班上的男同学一开始接触的文字书，多半离不开侦探、奇幻、冒险故事，这种阅读偏食的现象普遍存在，而且会维持好一阵子。我曾经半鼓励半勉强地想让孩子接触其他题材的作品，但他们读起来总是没多大兴趣。但是这世界上好看、值得看的书实在太多了，我一定得想想办法，吸引他们走出死守的阅读领域！

创新有趣的题材、轻松诙谐的笔调、幽默逗趣的人物，是最能激发男孩阅读兴趣的元素，至少能让他们愿意从狭隘的阅读领域中解放出来，去做不同的尝试。有一套系列小说，既不侦探、也非奇幻，却正是以幽默风趣的特色挑动了翔翔、凯凯的阅读神经。那就是安德鲁·克莱门斯的校园小说，从第一本《我们叫它粉灵豆》开始，两个宝贝就对这个系列爱不释手。

安德鲁所设定的故事背景，是以小学中高年级的生活为主，因此小读者对书中描述的上课与生活的情境都很熟悉，甚至有很多学生之间的对话互动，就是他们日常生活的写照。更重要的是，书中的主角多半没有完美的形象，不是成绩很普通，就是个性或品格有些小缺点，但是特立独行的作风、挑衅夸张的言行，往往让这些角色散发出无穷的个人魅力，成为"酷"字号的领袖人物。对多半不算是乖孩子的男孩们来说，这真是亲切感十足的"英雄"指标，自然对它爱不释手。

安德鲁·克莱门斯似乎特别了解男孩的阅读习惯，节奏铺陈明快、字句简短有趣，让男孩阅读起来毫不费力，一页翻过一页，不出两三天就可以读完一本书。而每个故事的铺陈手法也很符合男孩追根究底的习性，总是会埋下一个疑点，紧紧攫住小读者的注意力，不读到最后绝难拆穿主角的精心布局！很快地，这套书果然也在翔翔、凯凯班上蔚为风潮，连邻居的男孩们也来我家里借书。

这套书之所以值得一谈，是因为这又是一个转折点，让男孩从侦探奇幻故事中转移注意力，进而去接触其他阅读领域，尤其能让男孩逐渐习惯小说作品中对于人物心理的探究、思想情感的体察和人际互动的铺陈。而进入高年级之后，随着班书的推广，也有更多好看的书进入他们的生活。

因为这套作品，我们家的男孩终于发现，不是只有侦探故事才好看，还有其他美味的阅读“菜色”等着他们去品尝，而那双偏食的“筷子”也开始夹起不同的食材，有机会吸取更丰富的文字养分！

为什么男孩不爱写字，对写作也缺少兴趣

别让“写字”破坏了“写作”的兴趣

对肌肉、大脑相对晚熟的男孩来说，写字是沉重而不好驾驭的工作，小男孩在讨厌写作之前，很可能只是先讨厌写字。所以，我宁愿先摒除字体工整的讲究，只求他们能好好坐下来，试着将满满的思考顺畅地写出来，享受写作的乐趣。

肌肉和大脑相对晚熟，让男孩视写字为苦差事

男孩普遍来说都不爱写字，更别说是耐心地配合头脑思考，写出一篇有组织、架构分明的文章。在小学一年级开始拿笔学写字的阶段，讨厌拿笔、姿势怪异、写字速度奇慢无比、没办法耐心写长篇文字功课的，多半都是男孩。我曾在座谈会中听一位辅导班老师提及，她辅导过一个小学一年级男生，几乎是每写两三个字，他就累到在地上打滚，怎么都不肯再写，嘴里只嚷着：“好累好累！”写字，真的有那么累？

这是千真万确的事实，低年级的男孩写起字来不是“慢工出细活”，而是“慢郎中拖牛车”。对他们而言，写字是一种非常沉重而且超过他们的肌肉能力、脑部运思的工作。这和男孩普遍晚熟、能力发育落后于女生

有极大的关系。

调查显示，男孩的身心发展落后同龄女生至少半年，甚至高达两年。因此小女孩写字时，要比小男孩更能顺畅地指挥手掌与手指之间的相关肌肉，让小手在纸上畅行无阻，也多半能同时顾及字体的结构、比例和工整等问题。甚至有些更早熟的女生，可以顺利跨越“写字”的难题，将主要的脑力用来搜寻记忆中储存的画面和相关的经验情景，一步一步将它们串联并转译成文字描述，再让脑中的想象跃然纸上。

而我们再回过头来看看，这个时候的小男生，又在奋力挣扎些什么呢?

我家的三个孩子刚上小学时，除了老二凯凯的书写速度与质量比较理想，老大翔翔、老三钧钧一遇上写生字作业，都是全身紧绷、满脸厌烦，必须勉强自己以卖命奋战之姿，才能一字撑过一字写完。而我这个做妈的，最初半学期总是战战兢兢随侍在侧，每天都鞭策自己要拿出长期抗战的精神，和他们一起承担举“笔”维艰的痛苦，但还是不免在他们飘忽的字体中，逐渐抛开了和颜悦色与优雅态度……

一年级下学期开始，我盯得不那么紧了，但是每天翻开他们的写字簿的一刹那，我立马就能清楚感受到自己潜意识里的失望之情。之后，我就像是掌握着那些字的生杀大权一样，仔细推敲着哪一个字、哪一个笔画该擦还是该留。

更痛苦的是，被擦去的笔画还得重写一次，而我的苦口婆心与谆谆教诲，换来的往往只是看不出多少差异的进步，甚至是另一个布满脏污擦痕、同样难以入目的字迹。教小男孩写字，似乎是最没有投资报酬率的苦差事!

他们得费力控制自己还不发达的小肌肉，才能勉强做到横平竖直，还要想想怎么样才能把每个字写得大小刚好，不会偏左偏右，又不会超出格子。这些将来才会随着成熟度、练习度而一一内化的能力，正是小男生此时备感吃力的负担，注意到“写字”的种种事项已让他们筋疲力尽，哪还有精力去思考写作的内容。

小男孩在讨厌写作之前，可能只是先讨厌写字

小男孩在讨厌写作之前，很可能只是先讨厌写字，所以一想到写日记时得像耕田般一笔一画堆砌出满满的文字，他们总是知难而退。

其实小男孩并非不会思考，也不乏丰富的想象力。相反地，很多小男孩都具有卓越的文字组织能力与逻辑思维能力，见识也比女孩更广，脑海里流转的场景光怪陆离，甚至足以贡献给电影圈作为创意材料。然而他们要想表达出来必先驾驭好“写字”，小肌肉的慢速发育早已把他们联想到的美妙画面全数积压在小脑袋里，接下来的转译工作又要如何进行？

因此，我们常会发现这样的矛盾情景：滔滔不绝、迫不及待想要分享的小男孩，一下笔却写不出一个字！一脸慧黠，不时自编脑筋急转弯、语不惊人死不休的活宝男孩，一爬起格子却变得呆若木鸡、思路打结！上台时能将自然科学天文地理细说分明的小博士，一瘫软在书桌前就什么都想不起来了，输出的文字内容乏善可陈，简直判若两人！

那么，我们就把眼光放到五年甚至更久以后吧！世界上的伟大作家中，男性占了半数以上。以上这些小机灵也可能是善于文字表达的超级写手，等待日后时机成熟，就可能爆发潜能，甚至成为闻名世界的作家、小说家也说不定！

在等待男孩身心成熟的过程里，或许不要太执著于技术性的“写字”问题，而是该用男孩感兴趣又可以接受的方式，让他们和语文缔造美好的缘分，蓄积足够的创作能量，才能顺利进入“写作”的境界。

妙计103 如果还写不出来，就先让他们好好说吧

如果强逼着男孩练习写字，在尚未与写作缔结缘分之前，他们就有可能走上另一个极端：因为对书写的抗拒，让他们误以为自己与写作天生无缘，从心理上抗拒文字表达。

如果你家的男孩总是忍不住要分享他的想法，像个热心的导游、志愿者般，滔滔不绝地向你解说各种新发现，请一定不要打断他，让他尽情地说个够吧！让他在尚未能灵活驾驭文字之前，继续爱这个世界、享受观察的乐趣！只要他能保持这样的态度和习惯，绝对可以为写作能力的发展打下最扎实的根基。

妙计104 先松开笔头，让男孩尽情享受创作的乐趣

女孩天生是眼观六路、耳听八方的高手，男孩却只能一次专注于一个层面。当小男孩努力要控制字体的工整时，丰沛的思考力就会像短路了一样停滞不前。当源源不绝的想象力与经验图像在脑海浮现时，他们或许还能用不费力的语言表达加以拦截接收，但如果还要奢求他们转化成美观的文字，恐怕对他们来讲就有点儿难度了！

在孩子写作时嫌弃他们字写得不够漂亮，只会干扰他们连贯的思考，打击他们整合组织的努力，有碍于他们创作能力的发展。我们家里就有一个不爱写字、却非常爱写作的孩子。

翔翔一个寒假就能写出一万字的自创侦探小说；每篇小日记也能洋洋洒洒写上好几百字；写周记时更是能把自己关在房间里两三个小时而毫无怨言！只是，他的思绪有多么天马行空，字迹也就有多么龙飞凤舞！

然而，我宁愿先让孩子尽情享受使用文字的乐趣，因此也就默默忍受了他那不发达的小肌肉所带来的“视觉”干扰。我宁愿先摒除字体工整的

问题，甚至暂时忽略碍眼的错别字，也不愿打断他那时时刻刻都有奇思妙想的写作思路。只要他确定是经历了写作过程的核心阶段——回忆难忘的经验、搜寻重要的画面、重组事件的始末、整理纷杂的思绪，即使文字不够工整又怎样呢！

只要确定孩子充分浸淫在这样的过程和乐趣中，就不必再担忧他们不会写作，因为孩子通过一次又一次的练习，必然能增强写作的能力。

妙计105　写生字、生词作业时，对字体就要严格把关

话说回来，难道在这个阶段，就真的不用计较小男孩字写得美丑了吗？

当孩子在学写生字生词时，我可就非常计较了！因为他们写这些作业时，并不需要思考写作内容，也不用组织文字，只要专心顾及每个笔画的轻重、大小、粗细、长短，这时候当然就要制订更高的字体标准，也绝对要严格把关和要求！

在写字练习上所下的扎实工夫绝不可省，我的三个孩子的作业常被我以不达标而退货，就是希望他们在这个阶段，能将字的笔顺形状内化为反射动作，以减少大脑的额外负担，写作的时候才能与专注思考密切接合。

妙计106　建议孩子先打草稿或大纲，以整理写作思路

当然，要是孩子的写作思路本身就杂乱无章，我们也可以建议他们先打草稿或先写一个提纲，再专心地誊写完成。不过，绞尽脑汁写完长篇大论之后还要再费力誊写一遍，对于热衷掌握大方向、却不耐烦复杂程序的男孩们来说，通常都会敬谢不敏，如果太过坚持这一点，也可能

在初期就有可能过早扼杀他们的写作兴趣。因此，对于日记、周记等要求较不严谨的写作功课，我多半只要求孩子规划大纲；字体的工整度我则是睁一只眼闭一只眼。我只希望他们先好好地练习，能将满满的思考顺畅地写出来！

如何让男孩养成写作习惯，逐步培养写作力

孩子想写什么，就让他们尽情地写吧

自己愿意动笔、喜欢动笔，是让孩子爱上写作的第一步。我们不妨先从男孩擅长的知识性题材、感兴趣的图像或物件出发，激发他们的写作灵感，帮助他们找出条理脉络、找到趣味点，让他们尽情挥洒所感所想。

当孩子心有所感，才能动笔写出好文章

从我的三个孩子开始学习文字的过程，我深深观察到，不是每一类题目孩子都爱写，也不是每种文体孩子都擅长表现，这些都是很正常的现象。不过想让孩子爱上写作，有一点很重要：

孩子一般都是遇见让他们怦然心动、愿意主动提笔甚至能言之有物、挥洒自如的题材才有写作灵感。这是让他们学习驾驭文字的关键时刻。

当他们心有所感，才能更具体、更顺畅地用文字表达想法和体验，而在不同的成长阶段，适时灌注写作的养分、提供引导，就不难造就出一个个喜爱文字的快乐小顽童！

妙计107 低年级的男孩，都是说明文高手

许多男孩喜欢探索各种工具的使用方法，对于观察科学现象也兴致勃勃，一谈及这些主题，话匣子就完全打开了。喜欢研究天文的小男生，俨然一副小讲师的模样，能不厌其烦地讲出很多天文学知识来；对甲虫狂热的小子，则会抓着一只真的昆虫，不顾旁人惊恐的眼神，一脸兴奋地说明它的身体构造；喜欢拆解物体的男孩，即使不善言辞，也会在此时表现得胸有成竹，所有学过的词语都能派上用场，还用得恰到好处……

你家的男孩不一定会窝在你身边说情谈心，但一定会不顾你是否正忙得焦头烂额，不太识相地抓着你，大谈这些活像百科全书内容的心得！而这些知识取向、功能取向的说明性题材，正是小男生，尤其是低年级男孩，最擅长、最感兴趣、绝不会排斥的写作题材。

“爸爸的工具箱”，也可以写成有趣小日记

如果刚上小学，孩子老是把“不知道小日记要写什么”的难题丢给你，当他正口沫横飞叙述自己的发现时，千万记得补上这一句：“好精彩啊！下次小日记就写这个吧！”

有一阵子，翔翔爱上了爸爸的工具箱，天天都忍不住要翻开来欣赏一番。他会像阅兵一样，把每种工具都拿出来把玩，甚至驰骋于“凭空”驾驭工具的快感，满溢兴奋之情。于是在我的建议下，这段他与工具箱邂逅的经验就被搬进了小日记里；而当他提起笔，愉快地神游其中时，写小日记就不再是负担，而真的成了一种享受。

光是“爸爸的工具箱”这个题目，翔翔就写了上、下两篇，逐一介绍每种工具的名称与使用方法。这个起点也让他体悟到，平日见识到的新奇物品，本身就是理想的写作题材。因为对它的外观、构造及功能真心感到好奇，所以他一定会主动研究、摸索，慢慢地就内化成了自己的知识基

础，只要好好记录下这些观察和理解的成果，写起文章来就很容易了！

让男孩享受观察员兼解说员的乐趣

接下来老二凯凯或老三钧钧的小日记，我也依循相同法则，先让他们练习写这一类自己感兴趣的说明文。

例如，手工小达人凯凯，他有很多文章不过就是一五一十说明自己DIY的制作步骤，但要写得有条理也真是一项挑战，所幸这些过程都铭刻在心，他一下笔自然就可以洋洋洒洒。

小生物学家钧钧，则是每天都兴奋地想展现自己对动植物的博学多闻，所以他的小日记几乎是“生物小百科”，介绍自己养的娃娃鱼、鲶鱼、寄居蟹和仓鼠等。全心投入写作的小小身影，真的很感动人！

“说明文”真的好写吗？哦！不！然而，对万事万物都敞开心扉、兴味正浓的孩子，可能会比我们拿手！比起大人，他们对各种感官刺激有着淋漓尽致的反应，会在脑海里烙下更鲜明的印象，也更愿意去探索、理解。我们只需要让孩子意识到，这些都是他们擅长发挥的宝贵题材，鼓励他们继续看、继续说，享受观察员兼解说员的乐趣，再适度帮他们把满腹的“学问”整理、统合一下，他们就会发现，怎么不小心就写出了超过老师规定的字数呢。

妙计108 图像化写作法，让男孩“看”出灵感

两性差异的研究者都有一个大致的共识：男人是视觉的动物，女人是听觉的动物。例如，被电玩的缤纷色彩夺去注意力而无法专注工作的多半是男生，被连续的轻微声响干扰到失眠的则多半是女生；而且这项生物特性是从小婴儿开始，就对男孩的行为发挥着主导作用。

因此，希望男孩好好写作，就得让他们“看”到，而且要“看个过瘾”，他们就能从中看出条理、看出脉络、看出趣味点，最后生产出有肉甚至有血泪的文章！

提供实境图片让男孩捕捉各种画面

男孩之所以肠枯思竭，是因为他的脑袋里并没有影像存档，或者即使有，但因为比较晚熟、迟钝，也无法加以搜寻与快速联结。这时不妨递给他一张真正的图片，然后抛出一个最简单的问题：“你看到什么？”男孩们的灵感，绝对来自于当下眼睛所能捕捉到的各种画面！

无论是飞机、火车、轮船还是动物的照片，让他好好去观察，让他把看到的重点先记下来——外观结构、最吸引他的地方、最特别的设计、最有创意的特征。甚至请他运用想象力，从视觉延伸到听觉、嗅觉，请他想想，看到这样的画面，他觉得可能会听到什么声音、闻到什么气味？一一记下来之后，再请他整理这些关键字，试着把这些信息连缀成一篇文章，这样又怎么可能会言之无物呢！

玩具模型或是活生生的小动物可引发男孩的创作热情

男人不仅是视觉的动物，更是触觉的动物；视觉再加上触觉，更能加倍地唤醒男孩的感觉细胞。因此，除了图片之外，你也可以递给孩子一个飞机模型、火车玩具、乐高玩具，或是让他摸摸活泼的小仓鼠、把玩奇形怪状的甲虫！

要男孩凭空想象，可真会难倒他们，眼前就有立体图像可以真实接触，才更容易让“直觉型”的男孩涌出好的想法。看到就想到，摸到就感觉到，神经传导既快速又有效率、没有任何延迟耽搁，这就是帮助男孩制造“灵感”的最佳模式！

结构化图像+辅助文字，帮男孩整理写作思路

以上的方法或许适用于结构比较单纯的文章，如果是记叙文、活动记录或旅游心得，我们也同样能善用视觉刺激作为引导。

试着让孩子把看到的视觉图像结构化——可以画个简图甚至是四格漫画，不需要画得惟妙惟肖，只是把脑海中的图像大致转译出来，由此联想到的各种情节，则可以用文字记注在图的旁边，同时想到的好词佳句也都可以写下来以作后备之用。

结构化的视觉图像能帮助男孩理清事件的来龙去脉、整理思绪，并且引发联想。布设好所有重要的线索（例如，过程、细节以及佳句、成语）之后，只要把这一切信息再用文字整理出来，就不难写出充实丰富的好文了。

妙计109　特爱说话、不爱说话的男孩，都可从“问与答”开始

用“普遍性问题”引导孩子锁定主题

喜欢讲个不停的男孩，可未必是写作高手！因为压抑不了说话的欲望，几乎是想到什么讲什么；因为习惯一直在讲，脑袋也总是随兴乱转乱想、思绪零零散散，往往一下笔，该写的都没写到，不该写的却写了一箩筐，导致文不对题或偏离重点。面对这样的孩子，就要把他跳跃飞散的思路拉回主轴，帮助他用对力气聚焦于主题，并做出适当的延伸。

而对孩子提出适当的问题，是一个引导孩子锁定主题、发展主题的有效方法。

一想到要问孩子问题，很多父母常觉得很困难、很麻烦，其实这并不难，能够引导孩子贴近主题去联想的问题都差不多。有时候孩子只是需要

一个人拉他一把，带他进入另一个天地，而我们提出的问题就是一架带他跨越障碍的桥梁，能唤醒他的记忆。例如，以下这些问题：

然后呢？

最有趣的事是什么？

最特别的事是什么？

印象最深刻的事是什么？

你感觉怎么样？

例如，如果要写一篇校外教学的周记，嘴巴老是动不停的孩子很可能会从几点起床、到了学校看见谁，一直说到有谁没来、谁忘记带袋子了，等等，耽搁在琐碎的细节中而毫无所觉。这时我们就要直接用问题把他带入校外教学的现场：

“第一个景点去了哪里？”

孩子的思路来到这个景点之后，可能又会不小心过度描述某些不重要的事情，而忘记自己印象最深刻的部分，我们也要再帮他找回重点：

“那你印象最深刻的是什么？”

“最有趣、好玩的是什么呢？”

在最精彩的情节上务必“小题大做”

当我们听到孩子故事中的高潮点、趣味点，可不能就让它轻描淡写掠过，而是要“小题大做”，帮助孩子仔细推敲、详尽叙述，不放过任何细微的环节。

父母恐怕会觉得这样的问题更难问，其实，当我们愿意真心投入孩子的回忆，就会出现非常自然的互动反应，各种独特性的问题也会脱口而出，从而帮助孩子勾勒出最精彩的情节。比如，有一次孩子要写接力赛跑，当我问他印象最深刻的事是什么？他说，原本他们班遥遥领先，没想到有一位同学掉棒，他们于是暂时落后了。我一听到这里，几乎忘了自己是在引导孩子写作，反而对这关键的转折点满心好奇，还很入戏地跟着一起紧张，脱口就说：

“真的啊？那你不会很紧张吗？”

“非常紧张啊！”

“怎样紧张？”

“我当场叹了一口气，心脏扑腾扑腾跳个不停，拳头握得紧紧的，一直挥动，然后全班一起更大声喊着：‘加油，加油，加油！’喊到喉咙都快哑了！”

这段扣人心弦的叙述，就这样在对话中自然产生，孩子找到了故事的高潮场景，而且将它鲜明地描绘出来，一篇流畅动人的日记也就出炉了！

沉默安静的孩子，给他录音机吧！

比较沉默寡言的孩子，或许是属于内省型，不太能把记忆一口气说得完整，但我们还是要耐心鼓励他们运用大脑、练习回忆，让他们习惯把自己回忆到的画面与感受，好好地、慢慢地说出来！

这样的孩子在脑海中一定也存着许多画面和感受，只是因为搜寻字眼儿的速度不算敏捷，口头上的叙述会显得比较平淡、迟缓。不过，我们还是可以利用“普遍性问题”，帮助他们找到故事的趣味点，再通过“独特性问题”提点他铺陈最精彩的部分。

而在他们断断续续、费力叙述的过程中，我们也要适时、主动提供一些精准的词语，帮助他们顺畅地接续下去，甚至是跟着他们做故事接力。

这个过程可能会比较费时费力，不妨拿着录音机，当孩子顺好一个句子时，就把它录制下来，这不仅有助于他的写作，更可以帮助他练习表达能力，可说是一举两得！

妙计110　允许男孩忘记作文，先写故事

写故事是引导男孩想象力的绝佳方法

男孩的脑袋里总是塞满各式各样的情境，当他们让手中的机器人对撞的一瞬间，可能已经在脑海里建构起一段敌对两方恩怨纠缠的历史；当他安静不语地画出一只双头十手的怪兽，已经很确定它将会带给人类一场巨大的浩劫；当他用尽积木摆出陆海空三军的磅礴阵势，可能他已在心中打造了一套布局缜密的战略，即将要浩浩荡荡展开一场“不可能的任务”！

我家的三个孩子，每天都会来上这么一段：先是全身肌肉紧绷、精神抖擞，一派“天将降大任于斯人也”的正儿八经模样，紧接着，他们就会跑到我身边，煞有介事地向我讲述他心中有如史诗般壮丽的各种故事。而我总是随着他们的想象力神游于天地之间、造访各种奇异的环境，即使有时候听得云里雾里，但我一定会说上这句：“太精彩了！快把这个故事写下来！”

没想到，这真的激发了他们写故事的兴趣！从幼儿园学会注音符号起，我的三个孩子就开始写故事了，从图文并茂的几页小纸张，到现在学会打字后，上千上万字地写！

至于题材真是包罗万象，从世界末日、外星人入侵到侦探、奇幻、复仇……应有尽有！

男孩确实有着与生俱来的非凡想象力，这样的天赋势必要加以引导、运用与发展，而“写故事”正是绝佳的方法。只不过，从女老师、妈妈及其他女性的观点来看，男孩所写的故事恐怕都是不合常理、不符规范的，还会从中嗅到仇恨暴力、攻击竞争的气味，甚至可能就在这样的主观认定下，把这些故事打入冷宫。而我要说的是，男孩本就是习惯攻城略地的竞

争型生物，他们会爱上的故事题材，多半也符合这样的特性。我们应该先破除女性的本位观点，才能给孩子大开大展的机会，就让他们先痛快地把心中壮怀激烈的故事写出来吧！

让孩子写自己想写的东西，累积正向经验

通过观察我的三个孩子的写作学习过程，我发现“写奇幻冒险故事”正是他们愿意提笔跟文字打交道的起步。孩子非常需要这种与他们爱好契合度很高的题材，而且一定要经历用文学创作的愉悦过程，才能真正习惯并爱上文字表达。随着这样的正向经验的增多，孩子也才会扩大文字运用的范围，尝试更多元的题材与体裁。

翔翔所写的侦探奇幻作品——《蜘蛛教疑云》

自己愿意动笔、喜欢动笔，是让孩子爱上写作的第一步。尽管我家爱写故事的孩子们不是对每一类作文题材都能得心应手，但只要他们在擅长或喜爱的题材上热血挥洒，就真的会写出不错的文章来。与此同时，他们也能逐渐培养语感、建立自己的语汇库，改善如何快速撷取、精确运用的修辞难题，累积起主动、正向的学习经验。要让孩子喜欢写作，这就是我自创并始终坚持的一种理想模式。

教养手札

妈妈，我的侦探故事写完了

——写作力的养成，在识字前就已经开始

在全家人的休闲空当里，翔翔却自个儿悄悄钻进了房间。原来最近爱上福尔摩斯侦探小说的他，已涉足侦探故事的创作领域，只要一有时间，他就从现实世界隐遁，潜进自己的故事里。

只见他眼睛转呀转，一会儿傻笑、一会儿严肃，一会儿仰望天空发呆、一会儿又在千军万马的字海里骁勇奋战……他就这样从福尔摩斯的原作中，延伸出一个又一个自编自写的侦探故事。

正当家中寂静无声，我都快要忘记翔翔的存在时，他又突然出现：“喂！妈妈，我的故事完成了！快来读读看！”

我接过这热腾腾刚出炉的作品，天啊！眼前这第四本创作可整整用掉了二十多页纸呢。

先别看孩子写得成不成体统，光是二十多页的一片字海，就让我激动得一把抱住了他。是什么样的力量，让这个最不爱动笔写字的孩子，能一口气写出上万字的故事？而且还一个接一个、乐此不疲地写！可没有人逼着他这么做，他也不是为了交作业啊！

“什么时候写的？平常那么忙，怎么有时间写这么多呢？”

“下课啊！有时间就拼命写啊写！还有，功课写完就赶快写啊！不然想到的就会忘记了……”谁说爱玩的孩子坐不住？我感受到了这两三万字背后那股超乎想象的坚持与毅力。

谁说写作一定要定题目？孩子愿意这样勤奋地写，有始有终地写，别无目的地写，又写得那么快乐，就是运用文字表达自我的最佳学习模式！

其实对孩子来说，文字只不过是一个新的创作媒介，他们的创作渴望，从学步儿时期就已经开始萌生，文字学习只是一路延展而成的自然效应。

好奇心、探索力十足的小小孩，一定会本能地在小脑袋瓜里储存一幅幅独特多彩的生活图像，但他们会选择使用更可亲的创作材料，如堆积木或画画，甚至是演戏、角色扮演等，作为他们叙述生活、记录感动、复习经验的表达方式。

在三个孩子进入学龄之前，我就发现他们天天都会用画画的方式来记录生活的重心、复习生活的见闻，我于是在书房里摆满了一整叠纸张与各式各样的彩笔，让他们能将所见所闻在第一时间记录下来。

我认为孩子刻画最细腻的部分，就是他们感受最深刻的部分，他们对万事万物的描摹，往往掺杂了小小心灵的自我解读。通过观察孩子们的画作，我不仅看到他们观察入微的“描述力”，也捕捉到他们心灵被深深触动的“感受力”，这种在脑海里形成图像的心智训练过程，不正与写作之前的头脑风暴有异曲同工之妙吗？

可见，写作力绝不是在认识文字之后才开始养成，其中最需要的观察力、叙述力、感受力甚至是组织逻辑力，是在孩子接触各种创作材料时，就已经开始蓄积了！因此，一定要充分满足孩子对创作的渴望，因为所有创作的原始形态，都是在为将来的写作力暖身。

然而，对于文字这个陌生的创作媒介，孩子也需要机会、时间、经验来亲近与熟稔。我们还是要供给孩子源源不绝的生活素材、日常体验和阅读资料，或是正面、光明的人际互动关系。

当孩子接触到文字这个新朋友时，很需要一个让他愿意切入的起点，也许是他爱不释手的玩具、最喜欢的游戏、自己钟爱的宠物或是百听不厌的故事等。而爱写自己幻想的故事，就是我们家小孩的切入点。对于其他的题目，他们可能根本懒得动手，甚至要威逼利诱才愿意写；然而，我却乐见他们尽情书写自己幻想、憧憬的冒险或奇幻世界，而且多多益善，因为这就是让他们熟稔文字、摸透文字方圆胖瘦的最佳方式啊。

夜阑人静时，我开始仔细阅读翔翔的侦探故事，第一个感觉是：哇！字真的好丑哦；第二个感觉是：哇！错字怎么那么多！第三个感觉则是：有些地方应该要写得精简一些。

不过，这些都不是最重要的，在两三万歪歪斜斜、大小不一的字海里，我知道已经有数不清的创作零组件，安放在翔翔脑海里的各个角落，这些充满魔力、缤纷多样、不占空间又不需收纳的组件，不正好适合这个不爱收积木、整理玩具的酷小子？

接下来，从具体操作期慢慢出走的孩子们，在逐渐冷落实体玩具之后，或许就会爱上文字，热衷以不同的文字组合来展现自己各异其趣的生活风貌，并且乐在其中！

男孩笔下的故事乐园，令人惊喜不已

密密麻麻的一片字海，展现出翔翔沉浸在创作世界的专注与喜悦；图文并茂的目录与原理解说，更融入男孩解构事理的天赋专长，让作品更为丰富、多样！

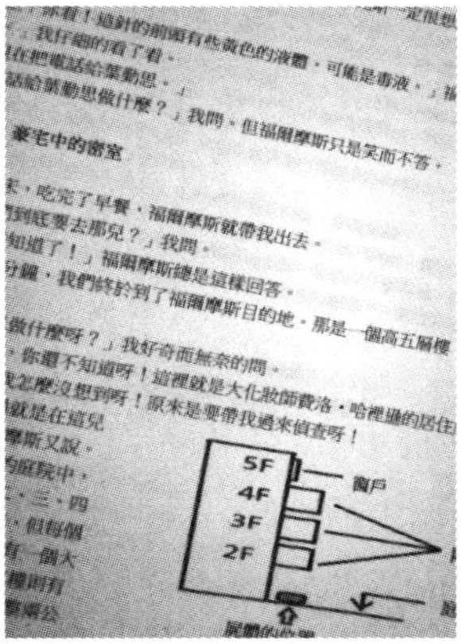

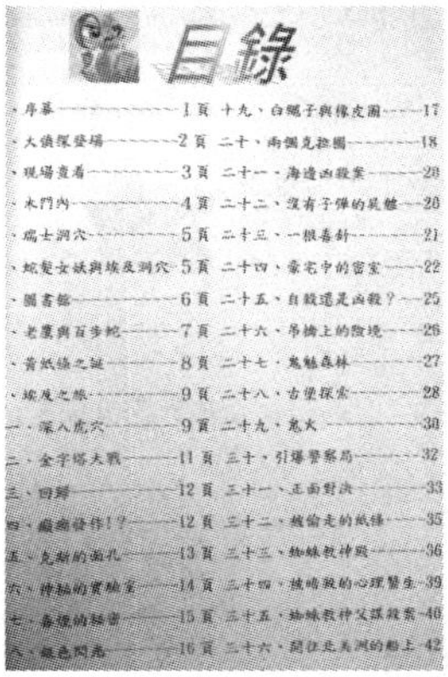

孩子作文写不好，是不是该送去补习

上作文班之前，先把小日记写好

在学校日常的课业中，有很多练习写作的机会，像是仿句、造句、小日记、周记，或是老师先行指点过的作文课。与其急着送孩子去补作文，父母不如先从天天要写的小日记开始，帮助孩子认真进行练习，日积月累之下必能养成扎实的写作基本功。

考虑补习前，你帮孩子练好写作基本功了吗

父母常会担心孩子写作不够好，而考量着是不是该去上作文班。对于这个问题，其实没有定论，就如同所有的学习领域，补习绝不是唯一的救命仙丹，但也不必视为洪水猛兽。

通常，孩子的作文不好，原因有三：

第一，缺乏丰富深刻的生活体验，或者平时不注意观察日常生活所致。

第二，阅读量不足，无法建立对于文字的熟稔度，因此写作时难以找到适当、多变化的词语，用以叙事、说情、论理。

第三，结构能力不够成熟，因此无法将来龙去脉条理分明地说清楚。

第一项原因提及的“生活体验”是写作最重要的基础。就好比烹调佳

肴时，如果没有备齐新鲜的食材，即便猛撒五花八门的调味圣品或是把菜肴盛装于金鼎玉杯中，也难以变出山珍海味。

无论父母花多少银子、费多少工夫寻访天下名师，拓展孩子的生活体验永远是补习班无法越俎代庖的工作。没有亲自经历生活洗礼、见闻不够广阔，写作的素材必定贫乏，即使学尽了各种写作技巧，也无用武之地。

至于扩大阅读量，也可以由父母来引导。父母要先为孩子打造阅读的环境、规划阅读的时间，为孩子打造良好的阅读氛围，帮助孩子养成良好的阅读习惯。

阅读是写作的暖身运动，任何体操选手要做出高难度的花式动作，都必须先柔软身躯、活络筋骨，而阅读就是打通“运用文字”任督二脉的基本功。

此外，在学校日常的课业中，其实也有很多练习写作的机会，如仿句、造句、小日记、周记，或是老师先行指点过的作文课。如果能把握每一次机会认真以对，日积月累之下，必定能磨炼孩子的写作能力。

尤其是天天都要写的小日记，就是很好的练习，与其急着送孩子去补作文，父母不如先帮助孩子，务实地写好每一篇小日记。

好好陪伴与适时协助，小日记就能越写越上手

“小日记”的规模可大可小，可以小到只是“造句练习”的扩大版，也能大到是一篇结构完整的作文。**当然，并不是天天都要孩子把小日记写得尽善尽美，但如果时间充裕，我会鼓励孩子至少花上半小时到一小时来完成，把它写成一篇有起承转合、至少分成三段的小作文；就算时间有**

限，我也希望孩子把简单的造句，延伸成一篇用心刻画的短文。

但是，很多爸爸妈妈会说，就是因为不会写，才要去补啊！其实，帮助孩子写小日记并不需要花太多时间，只是万事起头难，一开始的确需要好好陪伴，尤其是低年级的孩子。届时一旦上手了，孩子多半能自己写得很好，甚至乐在其中。现在我们家的小孩写起小日记，我几乎不用陪，只需要静静期待他们的妙笔生花。而父母在陪伴时的提点和帮助，也能让孩子更懂得如何从生活中撷取印象深刻的片段，用适当的文字表达出来。

妙计111　让孩子写自己有感觉的主题，才会具体生动

日记要写得好，就像做菜一样，食材本身就要新鲜可口。在日常生活中，总是能找出孩子感兴趣的事物或是有参与感的活动，就像天下之大，再没胃口的孩子也会有爱吃的食物。让他们从自己有感觉、有想法的主题或事件去描述、去分享，写出来的内容才会具体生动。如果找不到，那么先要反省的可不是写作问题，而是孩子甚至是亲子的生活态度。

妙计112　让孩子一面讲述内容，一面整理大纲

孩子最先接触的体裁一般是记叙文，而只要能开口说话就能写记叙文，所以写作根本不难，只要孩子愿意讲述，就等于烹饪之前已经备好了材料。然而，从冰箱里拿出的食材，可不是马上就能下锅，孩子讲述的内容还必须整理成大纲，就像食材要先做拣、洗、切、泡等处理。

引导孩子先写一个大纲，才能让他们顺畅地完成一篇文章。

这一点非常重要，很多急切的爸妈一看到孩子下笔许久，却什么都还写不出来，就迫不及待地自己念一句、再让孩子写一句。这样写作文之所以不会进步，是因为孩子根本不知道自己身在何处，见树不见林，无法掌握每个句子在整篇文章中所处的位置、所起的作用。所以下次再碰到新题目，他们还是一样不知道如何架构起一篇文章的骨干。

妙计113　利用关键字，记下重要情节和精彩词汇

有了大纲之后，孩子虽然握有整篇文章的蓝图，但真正动笔时，脑袋还是有可能突然空空如也，之前口述的重要情节一时间全都忘个精光。因此，整理大纲时，可以把孩子联想到的情节、举例和精彩过程等，用“关键字”简单扼要地记下来；甚至在口语描述时，孩子如果已经想到很棒的形容词、比喻或成语，也要一并写下来。这样整篇文章不仅言之有物，更因用心润饰而增加了可看性，让读者惊喜连连。

妙计114　最深刻的感受体验，要多加琢磨润饰

一篇文章要是从头到尾都满到不行，就像美女全身珠光宝气也会让人感到乏味不堪。然而，美好难忘的生活经验如果只是轻描淡写，也的确浪费素材，就像长腿姐姐不懂得展现身材优势一样可惜。所以，我们也要引导孩子把80%的力气用来处理文章中20%的精华，以别出心裁的手法凸显最精彩的高潮。

在孩子讲述到最难忘的经历时，我通常会要他们在拟定大纲后，再回头好好斟酌这个段落的写法，就像最好的食材要善加珍惜，不可以随便处理。

可以让孩子想想各种描述手法的可能性，是要用比喻、拟人还是描写？要不要改变直述的方式？有没有可以嵌进去的修饰词语或成语，让文句更加精致优美？

对于自己有所感悟的生活细节，孩子会比较容易搜寻到适当的词汇来描写，也比较愿意花力气斟酌字句，甚至很快能想起阅读经验中的类似场景，以撷取文句或修辞来使用。

让孩子以自己的方式记载重要的生活片段，会让他们感到满足，尤其是将之化为赏心悦目的文字时，他们更能感受到写作的乐趣，往后也将更乐于练习提取、组合和操作文字，让文字成为自己记录与创作的工具。

在孩子的小日记本上，我常常看见老师用红线画出的精彩佳句，都是孩子写作时特别用心的得意之作。孩子不需要老师从头到尾都画上佳句线，也无须时时刻刻专注对待每一个生活情节，但感受最深刻的经验与记忆，一定要让他们学着仔细刻画，锻炼写作的能力。

妙计115　好好利用，小日记也可以是语文习作

将造句练习延伸为短文写作

从低年级开始，语文课本上就会陆续出现很多基本句型或写作手法，像是转折、设问、叠词、拟人法、比喻法，等等。

而三个孩子的老师们都很懂得利用联络本下方的这个“小日记”空间，让孩子每天做一点儿分量不多，但方向精确的局部写作训练。这样积少成多，效果绝对好于额外上一堂作文补习课。

老师并非天天都要孩子费尽心思写一篇小日记，而是一周有两三天，会找出课本上教过的句型或词语，要孩子做造句练习或短文写作。在繁忙

的课业压力下，如果不想再额外花时间让孩子补作文，就可以好好把握这样的造句练习，让孩子从只有寥寥数字的简单造句延伸、扩写，加入形容词、副词、时间、地点、人物，甚至再加上一两句感想，连缀成一篇小短文。做这种练习所需要的时间比写一篇小日记更少，不仅能扎实地熟练句型，也能锻炼写作能力。

引导孩子精确地遣词用字

进入中年级之后，语文课文里嵌进了很多新颖、优美又有意境的词汇，孩子也开始学会区分不同词汇的差异性，所以，这时可以开始引导孩子在写作时精确地遣词用字。

例如，最简单的修辞法则是：名词之前加形容词；动词之前加副词。所以，无论是造句或短文，都要让孩子养成以下的习惯：

只要一有人或事物（名词）登场，就请他试着加上适当的形容词或成语，为人或事物添加表情、色彩、姿态或情绪。例如，要写“一位老人”，就请孩子把他对老人的印象加上：“一位孤单的老人”“一位沉默的老人”“一位孤苦无依的老人”“一位和蔼可亲的老人”，等等。只要是描绘一个动作，就引导孩子加上副词，使描摹出来的动作充满画面与动感。例如，“一下课，我就冲出教室……”可以让孩子继续用适当的词语，为这个句子营造更深刻的画面——“一下课，我就飞快地冲出教室……”“一下课，我就迫不及待地冲出教室……”

此外，从中年级开始，孩子也会认识更丰富的形容词与动词。同类的感觉、相似的动作，可能会因为细小的差异，再区分出更多样的词汇。

如形容“开心”的词汇，有“高兴的”“兴奋的”“开怀的”“欢天喜地的”“兴高采烈的”“得意忘形的”……可以让孩子试着冷静下来细细思量，在脑海里布设画面，精确地挑选最恰当的词语，以传达更鲜明、更真确的意象。

拣选最合适的动词，能提高文章的精彩度。例如，同样是用眼睛看，也可以有很多变化——“睁大眼睛”“眯着眼”“仰望”“俯瞰”“眺望”……要描绘关键动作时，可以让孩子琢磨一下，寻找出最精准的动词，就能让文章更精彩。

从课文中选出佳句成语，缀入写作中，增添文采

我们要鼓励孩子跳脱平铺直叙、缺乏润饰的写作模式，力求蜕变。可以让孩子从现成的文章中挑出3～5个成语或佳句，试着构思一个故事或是写出自己相关的生活经验，把这些词组运用进去，写成一篇具有文采的短文。

从课文中找出精华段落，反复朗读、模仿写作

中高年级的课文也示范了不少描摹、拟人、比喻、映衬、排比等文学性修辞手法，而揣摩这些技巧的最佳模式，就是多朗读几次，每念一次就在脑海中想象这样的画面。久而久之念熟了，孩子自然比较容易揣摩作者的思考方式，接着就要鼓励他们在写小日记时运用相同的技法——也就是把鉴赏课文的能力带进自己的写作中，为其注入美感、临场感、音律感和幽默感。

所有的创作都是从模仿而来，借由模仿，孩子才能亲身感受写作的思路是如何运作的，这样一来，不必补习也可能自我精进各种写作的技巧。